Matt Kahn

SEELENLICHT

Matt Kahn

Seelen Licht

EchnAton Verlag

Wichtiger Hinweis

Die Inhalte des Buches stellen keine Diagnose dar und sind kein Ersatz für ärztliche, medizinische, medikamentöse oder therapeutische Behandlung. Die im Buch veröffentlichten Empfehlungen wurden vom Verfasser und vom Verlag sorgfältig erarbeitet und geprüft. Eine Garantie kann dennoch nicht übernommen werden. Ebenso ist die Haftung des Verfassers bzw. des Verlages und seiner Beauftragten für Personen-, Sach- und Vermögensschäden ausgeschlossen.

Bei möglichen unterschiedlichen Schreibweisen wurde die von der Duden-Redaktion empfohlene Schreibvariante verwendet.

Titel der Originalausgabe:
EVERYTHING IS HERE TO HELP YOU

Originally published in 2018 by
Hay House Inc. USA

Aus dem Englischen von Susanne Westphal-Gärtner
1. Auflage Oktober 2020

Gesamtherstellung: Diana Schulz
Lektorat: Nina Kaiser
Coverfoto: © Yulia Gust - Shutterstock
Covererstellung: Dennis O'Neill, Diana Schulz
Druck und Bindung: CPI books GmbH, Leck
ISBN: 978-3-96442-021-3

www.echnaton-verlag.de

An meine geliebte Alexandra,
dieses Buch wurde geschrieben, um unsere Liebe
zu feiern und alle Herzen durch die Ekstase
unserer heiligen Verbindung zu heilen.

An alle Lichtarbeiter, Empathen und
energetisch sensiblen Menschen,
die sich schon immer von den Energien anderer
überwältigt fühlten und sich nach Erleichterung sehnen.
Wir laden zu einem neuen, spirituellen Zeitalter für die
gesamte Menschheit ein – dieses Buch ist für euch!

Inhalt

Teil 2: Auflösungen, Aktivierungen und Integrationen

Teil 3: Eine neue Realität erschaffen

Einleitung

Bereits in den alten Schriften heißt es: »Am Anfang war das Wort«. Dieser Satz beschreibt in geradezu vollkommener Weise meinen Weg als hochsensibler Mensch.

Ich erlebte mich oftmals als geistig ruhend in einem offenen, gedankenlosen Raum. Dabei fühlte ich das Entzücken eines Kindes, das kurz davor steht, am Weihnachtsabend Geschenke auszupacken. Im richtigen Moment ertönten dann Worte durch mich – ein spontaner Strom inspirierter Weisheit. Dies funktionierte immer reibungslos und ich fühlte mich jedes Mal wieder wie kurz vor einer der aufregendsten und spannendsten Begegnungen, die das Leben zu bieten hat. In solch einem Moment besaß ich lediglich einen klaren, instinktgeleiteten Impuls und den unumstößlichen Willen, mich für das Wohl jedes Herzens einzusetzen. Oft hatte ich dabei nicht mehr als eine verheißungsvolle Stunde Zeit, um das Leben einer mir bisher unbekannten Person von Grund auf zu verändern.

Diese eindrücklichen Erfahrungen durfte ich die letzten 14 Jahre täglich erleben und erforschen. Seitdem ich an einem trüben Novembernachmittag den spontanen Entschluss gefasst hatte, das College zu verlassen und das Universum selbst als meine Universität zu erwählen, wurde ich von einer überwältigenden Kraft inneren Wissens geführt. Diese Kraft ist wie ein perfekter Strom von Einsichten, der es mir erlaubte, die Gesamtheit meiner persönlichen Erfahrungen als Vorbereitung auf meine Aufgabe als Lehrer, Empathiker und intuitiver Heiler nutzen zu können – eine Aufgabe, die ich mir niemals hätte träumen lassen.

Es erscheint wie reine Ironie, wenn man für andere Menschen eine spontane Quelle vollkommener Klarheit ist, in Bezug auf sein eigenes Leben jedoch komplett im Dunklen tappt. Meine spirituelle Reise umfasst mittlerweile mehr als 13.000 Heilsitzungen und fühlt sich trotzdem oft so an, als hätte sie gestern erst begonnen. Auf ihr durfte ich mich mit den Höhen und Tiefen des sich von einer Erkenntnisebene zur nächsten ausdehnenden spirituellen Wegs auseinandersetzen. Dies führte mich zu genaueren Forschungen dazu, warum Menschen in ihrer spirituellen Entwicklung oftmals nicht die wahre Erleichterung, den unerschütterlichen Frieden, die allumfassende Freude oder tiefste Erkenntnis fanden, die es zu entdecken gibt.

In jeder dieser Sitzungen lauschte ich gespannt den Beschreibungen meiner Gesprächspartner zu ihren verschiedenen Erkenntniswegen, Veränderungsprozessen, Heilmethoden oder mystischen Erlebnissen. Fast schien es so, als ob das Universum mich in alle Einzelheiten des alten spirituellen Denkens einweihen wollte, dessen Transformation meine Aufgabe werden sollte.

Ich erinnere mich, dass Menschen mir besonders von Hindernissen oder Momenten der Verwirrung auf ihrem spirituellen Weg erzählten, für die sie oftmals keinen Sinn fanden. Parallel zu ihren Erzählungen nahm ich einen klaren Strom der Einsicht in mir wahr, der Antworten auf alle Fragen oder Einwände gab. Wäre dem nicht so gewesen, wäre ich meinen Gesprächspartnern in vollkommener Bestürzung und Fassungslosigkeit gegenüber gesessen.

Ihre Fragen und meine intuitiven Antworten verbanden sich zu einem bedeutsamen Dialog, der mir zu erkennen half, auf welchem Weg die meisten Menschen nach Heilung, Erkenntnis und der Veränderung ihrer Umstände suchen. In diesen Gesprächen fielen mir plötzlich bestimmte Themen auf, die Risse in einem zerbrechlichen, überholten spirituellen Gedankengebäude offenlegten. In mir entstand der brennende Wunsch, jedem Menschen dieselben tiefreichenden spirituellen Erfahrungen zu ermöglichen, die ich selbst im Laufe meines Lebens immer wieder erlebt hatte.

Ein spiritueller Weg ist immer eine fundamentale Entwicklung vom Ego hin zur Seelenebene. Ich begann zu erkennen, wie diejenigen, die nach der Wahrheit suchten, sie nicht unbedingt aus dem Bewusstsein der Seele erforschten. Sie versuchten stattdessen, viele Aspekte ihrer inneren Entwicklung aus der Perspektive des Egos zu erkunden. In meinem ersten Buch Liebe, was immer auch geschieht, erkläre ich das wahre Wesen des Egos als die eingebildete Identität eines überreizten Nervensystems. Diese Muster der Überreiztheit werden in unseren ersten prägenden Lebensjahren ausgebildet. Sie entstehen aus dem Glauben, andere Menschen würden uns mehr lieben, wenn wir mehr wie sie wären. Diese Vorstellung erschafft eine Art von psychologischen Kokon menschlicher Verhaltensmuster, in dem die Seele solange verweilt, bis sie bereit ist zu erwachen und sich ins Licht ihres wahren Potenzials auszudehnen. Im Wesentlichen besteht das Ego aus den begrenzenden Glaubenssätzen, selbstzerstörerischen Entscheidungen und engen Vorstellungen eines schlafenden Bewusstseins. Sobald dieses Bewusstsein erwacht, lösen sich begrenzende Glaubenssätze auf, selbstzerstörerische Entscheidungen verlieren an Attraktivität und enge Vorstellungen erweitern sich zu umfassenderen Perspektiven.

Der Sinn unserer Entwicklung besteht darin, über das Ego hinauszuwachsen und sich in die Heiligkeit der Seele zu begeben. Diese Entwicklung läuft in die Irre, wenn die fälschliche Annahme besteht, Ego und Seele seien voneinander *getrennt*. Obwohl die Ebene des Egos und die der Seele oft als zwei unterschiedliche Erfahrungen wahrgenommen werden, handelt es sich doch nur um verschiedene Aspekte der einen allumfassenden Quelle göttlicher Intelligenz.

Diese Wahrheit weist auf die Verbundenheit aller Dinge im Universum hin, welche *sämtliche Erscheinungsformen zu einer einzigen fügt* – unabhängig davon, wie unterschiedlich jedes Ding erscheint oder wie groß die Entfernung zwischen den Dingen ist. Man könnte das Ego als die Seele in tiefstem Inkubationsschlaf bezeichnen. Die erwachte Seele hingegen stellt die vollständige Verkörperung der Energie der Quelle dar. Zwischen diesen beiden Polen verläuft unsere spirituelle Entwicklung.

Damit ein spiritueller Weg möglichst lohnende Erfahrungen für uns bereithält, müssen wir die folgende wichtige Frage beantworten: betrachten wir die Dinge aus der Sicht des Egos oder aus der Seelenperspektive?

Solange spirituell Suchende ihren Entwicklungsweg aus der Blickrichtung des Egos verfolgen, werden sie dem Ego weiterhin verhaftet bleiben, egal, wie viel sie an sich arbeiten.

Lernen sie dagegen, sich von der Seelenperspektive her zu entwickeln, stehen ihnen intensivere Lebenserfahrungen offen. Die Seele ist ein bewusster Ausdruck der Energie der Quelle. Sie besitzt eine derart hohe Schwingung, dass sie sich gleichermaßen harmonisch, allumfassend und gütig – und zugleich unmittelbar, effektiv und kraftvoll zeigen kann.

Viele energetisch sensible Menschen, denen ich begegnete, waren im Laufe ihrer bisherigen spirituellen Entwicklung noch unsicherer, beschämter und selbstkritischer geworden. Durch diese Begegnungen wurde mir die Wichtigkeit eines herzbasierten spirituellen Weges bewusst, der uns ermöglicht, unser reines inneres Wesen von jeglicher Art spiritueller Knechtschaft zu befreien.

Den inneren Krieg beenden

Seelenlicht – Von der Sicht des Egos zur Perspektive der Seele ist als emotionale Hilfe gedacht. Als Hilfe für dich, den inneren Krieg mit dem Ego zu beenden und dich in die erleuchtete Gegenwart deiner Seele begeben zu können. Das Ego zeigt sich in unbewusstem Verhalten, ausgelöst durch begrenzende Glaubenssätze, selbstzerstörerische Entscheidungen und verengte Blickwinkel. Somit braucht es für die Beendigung des inneren Krieges die evolutionäre Notwendigkeit, das Ego zu integrieren. Dies geschieht, indem wir diejenigen Muster menschlicher Prägung auflösen, durch die wir uns als Opfer unserer Umstände erleben anstelle von Vorreitern einer erwachenden Menschheit.

Dieses Buch wurde geschrieben, um die wichtigsten Ebenen einer sich ausdehnenden Seele klar und einfach zu beschreiben. Es soll dabei helfen, den inneren Krieg auf möglichst liebevolle Art und Weise zu beenden. Unsere gemeinsame Reise führt uns dahin, unsere höchsten göttlichen Eigenschaften zu kultivieren, unsere männlichen und weiblichen Energien auszugleichen und unsere Beziehungen durch die Geschenke von Freiraum und Selbstliebe zum Positiven zu verändern. Sie wird uns über alle Hindernisse hinweg in die Freude an der innigen Hingabe hineintragen.

Darüber hinaus beinhaltet dieses Buch in jedem Kapitel Fragen, die zum Nachdenken anregen sollen. Du erhältst außerdem energetisch codierte Mantren und Affirmationen zum Nachsprechen. So kannst du das unbegrenzte Potenzial deines eigenen Lebens aktivieren und erwecken.

Viele der in diesem Buch vorgestellten Inhalte dürften für dich auf magische Art Sinn machen. Andere wiederum fordern vielleicht verschiedene Schichten des Egos heraus oder treffen auf hartnäckige innere Festgefahrenheit, die möglicherweise noch nicht bereit ist, aufgelöst zu werden. Lässt du dich von der Liebe leiten, wirst du die ekstatische Erfahrung, über deine bisherigen Grenzen und Widerstände hinauszugehen, nicht länger als überwältigend oder anstrengend empfinden, sondern als im positiven Sinne spannend und ganz natürlich.

Sobald wir uns selbst Schritt für Schritt mitfühlend begleiten, kann uns die Wahrheit unserer unwandelbaren Natur enthüllt werde. Wir müssen dann nicht mehr vorgeben, größer zu sein, als das, wozu wir geboren sind.

TEIL 1

Den Sinn der eigenen Seelenreise entschlüsseln

KAPITEL 1

Den inneren Krieg beenden

Im jetzigen neuen Zeitalter ist es für unsere spirituelle Entfaltung unverzichtbar, uns aus der Perspektive der Seele zu entwickeln. Dies ist wichtig, damit sich das Ego nicht in eine neuere, spiritueller aussehende Version seiner selbst erfindet. Sobald dies nämlich geschieht, bleiben wir dem Dunkel unserer menschlichen Konditionierung verhaftet – jedoch diesmal mit neuen, spirituellen Gründen, die als Rechtfertigung dafür dienen, in begrenzenden Glaubenssätzen, selbstzerstörerischen Entscheidungen und engen Vorstellungen zu verharren.

Eine solche Entwicklung beginnt immer damit, den inneren Krieg des Egos zu beenden. Wo immer wir uns auf unserem spirituellen Weg befinden, es ist wichtig, die aus unserer Seelenperspektive weiseste und liebevollste Vorgehensweise für diesen Prozess zu wählen. Anderenfalls würden wir versuchen, diesen inneren Krieg auf aggressive Weise zu beenden und unser Ego in eine spirituelle Maske verwandeln oder es als Feind betrachten, den wir bekämpfen müssen. Allerdings können wir keinen internen Konflikt lösen, indem wir den scheinbaren Konfliktparteien gegenüber feindlich eingestellt sind. Daher ist es so entscheidend, alle Meilensteine unserer Entwicklung mitfühlend zu würdigen – auch den der Beendigung des inneren Krieges.

Wenn wir aus der Egoperspektive in eine mögliche neue spirituelle Entwicklung hineinfühlen, freuen wir uns oft sehr auf verschiedenste mystische Themen, während wir deutlich weniger Interesse daran zu haben scheinen, die höchsten Qualitäten oder mutigsten Entscheidungen einer zu vollem Bewusstsein erwachten Seele hervorzubringen. Wenn wir auf unser Ego hören, bewegen wir uns auf eine kraftvollere Wirklichkeit zu, jedoch oft basierend auf Angst oder Voreingenommenheit.

Solange wir uns von der negativen Bestärkung durch unser Ego leiten lassen, bleiben unsere Entwicklungsziele zwar positiv, doch unser ganzer Fokus besteht darin, kontinuierlich nach jeder noch so kleinen Unstimmigkeit Ausschau zu halten. Wir können dies mit einem Autoliebhaber vergleichen, der in seiner Garage viele Jahre lang an seinem Oldtimer gebastelt hat. Auch wenn er sich aufs Äußerste bemühte, das Auto perfekt wiederherzustellen, fand er nie die Zeit, sich hineinzusetzen und es zu fahren. Ähnlich verhält es sich, wenn wir vom Ego geleitet werden. Wir leben dann in einem Zustand des uns selbst schützen Wollens. Dabei hoffen wir, damit die Qual emotionaler Reaktionen zu vermeiden und der Versuchung zu widerstehen, uns in der Spirale negativen Denkens zu verfangen.

Da es immer nur das Ego ist, welches kämpft, vermeidet, überwindet oder verleugnet, können wir schnell erkennen, an welchem Punkt sich eine authentische spirituelle Entwicklung in eine Irrfahrt gegen vielerlei Widerstände verwandelt hat. Ob du gegen deine eigenen Ängste ankämpfst oder versuchst die Tiefe schmerzhafter Gefühle zu vermeiden, dich zu schnell aus den Konditionierungen deiner Familie lösen willst oder dich unheimlich anstrengst, um deine intensiven selbstbegrenzenden Überzeugungen zu überwinden – es ist einfach, sich in der Welt des Egos zu verlieren.

Die Wahrheit ist: Wenn die Seele das Steuer übernimmt, kämpfen wir nicht mehr gegen uns selbst und andere und widersetzen uns nicht mehr den Entscheidungen, die uns dazu aufrufen, unsere wahre spirituelle Kraft in Besitz zu nehmen. Dies sind die Schätze, die uns geschenkt werden, wenn unser innerer Krieg endet. Haben wir dies erreicht, kämpfen wir nicht länger gegen bestimmte Gefühle, müssen wir keine familiäre Konditionierungen mehr auflösen und brauchen keine unserer Gedanken mehr zurückweisen. Solch eine wunderbare und fast märchenhafte Wirklichkeit können wir jedoch nicht dauerhaft leben, solange wir uns darauf konzentrieren, Dinge zu vermeiden oder zu kontrollieren. Aus der Perspektive der Seele gibt es einen viel direkteren Entfaltungsweg.

Der Anfang vom Ende

Wenn wir den inneren Krieg aufgeben wollen, müssen wir das Ego von der Seelenperspektive her integrieren. Die Seele hegt eine große Hochachtung vor dem Ego und seinem Entwicklungsziel, Schichten und Verstrickungen loszulassen. Sie betrachtet das Ego als eine Art heilige Gebärmutter. In ihr ist die Seele in ihrer unbewusstesten und kindlichsten Form zuhause, bis die Zeit gekommen ist, zum Wohle aller zu erwachen. Bei einer Geburt beabsichtigen die Ärzte selbstverständlich nicht, die Mutter zu verletzen oder die Gebärmutter zu zerstören, um das Baby auf die Welt zu bringen. Wir sind sinnbildliche Mütter und Hebammen für uns selbst, mit der Aufgabe, das Licht unserer Seele der Menschheit zur Verfügung zu stellen. Wir können nur dann die ersehnte Entlastung erfahren, wenn wir uns selbst auf möglichst harmonische Art und Weise begleiten.

Im neuen spirituellen Zeitalter bekämpfen wir unser Ego nicht länger. Wir betätigen uns als herzbasierte Bezugspunkte einer neuen Humanität, die es als ihre Aufgabe sieht, das Ego aus den ewigen Kreisläufen seiner selbst auferlegten Schmerzen zu befreien. Diese Befreiung kann geschehen, indem wir das Ego auf möglichst liebevolle Art und Weise zur Quelle zurückführen.

Sobald die Seele erwacht, wird sie sich des Egos zunehmend bewusst und unterstützt dadurch seine Integration. Die Zwanghaftigkeit des inneren Konflikts lässt langsam nach, indem wir unsere wiederkehrenden Muster erkennen, ohne das Ego dafür zu verurteilen und ohne an seine Überzeugungen oder Forderungen zu glauben.

Die Seele ist wie ein einzigartiger Lichtstrahl, der von der Sonne unserer einen, ewigen Quelle ausgeht. Allein durch das Anschauen des Egos mit liebevollem Mitgefühl kann das Licht der Seele beginnen, scharfe Ecken und Kanten zu glätten, bis sich alle Egoschichten irgendwann einfach auflösen.

Durch unsere friedvolle Entschlossenheit kann die dem Ego innewohnende Dynamik immer mehr abgeschwächt werden. Dies geschieht, indem wir der Funktionsweise unseres Egos größeres Interesse und liebevollere Aufmerksamkeit widmen.

Die drei Aktivitäten des Egos: der innere Krieg

Wir müssen die drei Aktivitäten des Egos kennen, um unser Bewusstsein für das Verhalten unserer Seele in seiner tiefsten Stagnationsphase, dem Prozess der Inkubation, zu schärfen. Ähnlich den vorhersehbaren und immer wiederkehrenden Jahreszeiten in der Natur, stellen diese Aktivitäten ein Muster dar, das wir beobachten können: es besteht darin, die stärksten selbstzerstörerischen Impulse und die am wenigsten erstrebenswerten Qualitäten des Lebens aufrechtzuerhalten.

Während die drei instinktiven Verhaltensweisen von Angriff, Flucht oder Erstarrung ein fester Bestandteil unserer Überlebensfähigkeit sind, offenbaren uns die drei Aktivitäten des Egos die innere Motivation, welche sich hinter diesen Instinkten verbirgt und sie auslöst. Es handelt sich um die

Verhaltensmuster des sich Sorgens, der Antizipation und des Haderns.

ERSTENS. Das Ego sorgt sich immer. Unser Ego kann nicht existieren ohne sich Sorgen zu machen. Dies liegt an seinem tief verwurzelten Unvermögen, der Vollkommenheit der göttlichen Ordnung zu vertrauen. Das Ego ist daher unfähig, seine wahre Identität als reiner und unverfälschter Ausdruck der Energie der Quelle zu akzeptieren. Besorgnis entwickelt sich aus Angst. Dieses Gefühl entsteht immer dann, wenn die Seele auf Ausdehnung drängt, während sie gleichzeitig in ihrem Ego-Verpuppungsschlaf in größter Unbewusstheit und oftmals tiefsten Ohnmachtsgefühlen verharrt. Eine der Grundüberzeugungen des Egos besteht darin, dass das Leben so viel weniger besorgniserregend wäre, wenn die äußere Wirklichkeit sich an seine Bedürfnisse anpassen ließe.

Viele Menschen lassen sich durch diese und ähnliche Überzeugungen täuschen, indem sie annehmen, sie würden sich anders fühlen, sobald sich die äußeren Umstände ändern. Dies unterstützt die grundsätzliche Annahme des Egos, dass sich erst die Dinge im Außen ändern müssen, bevor eine bessere Erfahrung erlebt werden kann. Sicherlich gibt es Momente im Leben, in denen äußere Veränderungen notwendig für die eigene Weiterentwicklung sind. Allerdings ist die Tendenz, darauf zu bestehen, dass die Lösung eines Problems immer ›von außen nach innen‹ verlaufen muss, ein hinderliches Muster, das wir als Anhaftung kennen.

Sobald wir uns von äußeren Ergebnissen abhängig machen, kommt die kontinuierliche Ausdehnung unseres Energiefeldes zum Stillstand. Durch dieses energetische Herunterfahren wird auch unsere seelische Ausdehnung unterbrochen. Dies kann allerdings unsere Weiterentwicklung als Ganzes nicht stoppen, da alles in unserem Leben unserer Entwicklung dient.

Während unser Ego die notwendigen Erfahrungen sammelt um seine engen Vorstellungen zu durchschauen, kann sich unser Energiefeld mit größerem Bewusstsein und neuer Perspektive weiter öffnen und seine Ausdehnung fortsetzen.

Obgleich ein Verhaltensmuster wie die Besorgnis eine zutiefst schmerzhafte Erfahrung für uns darstellen kann, spielt es eine Schlüsselrolle in unserem Entwicklungsprozess. Seine Aufgabe besteht darin, über das physische und mentale Unbehagen hinaus energetischen Schub aufzubauen, der unser Bewusstsein zum Erwachen bringt. Dieser Energieaufbau findet dann statt, wenn wir im Rahmen unserer Konditionierungen von widersprüchlichen Impulsen hin- und her gerissen werden – vergleichbar einem Schläfer, der sich im Bett hin- und herwirft, um aus einem Albtraum zu erwachen, von dem er nicht einmal wusste, dass er ihn hatte.

ZWEITENS. Das Ego muss antizipieren. Die zweite Aktivität des Egos ist die Antizipation. Da das Ego von Sorge durchdrungen ist, hat es fast immer etwas Schmerzhaftes zu befürchten. Wenn es sich in Zukunftszenarien ergeht, hofft es drohende Unannehmlichkeiten bereits aus der Ferne zu erkennen, um dann blitzschnell jede mögliche Frustration, jeden Schmerz und jeden Verlust vermeiden zu können.

In diesem Zusammenhang ist es auch wichtig zu erkennen, wie das Ego den Zustand der Unbewusstheit aufrechterhält, indem es entweder Schmerz antizipiert oder sich nach Momenten der Freude sehnt. Das bedeutet übrigens nicht, dass wir automatisch im Griff unseres Egos sind, sobald wir über zukünftige Ereignisse nachdenken. Es könnte aber hilfreich sein, einmal nachzuspüren, wie viel unserer Zeit wir dafür verwenden, auf etwas anderes zu warten, anstatt die Gegenwart wahrzunehmen.

Unsere Tendenz, mehr in der Zukunft als im gegenwärtigen Moment zu leben, bestärkt das Ego in seiner Überzeugung, dass sich erst die äußeren Umstände ändern müssen, damit das Leben anders erlebt werden kann. Sobald wir uns in Vorausahnungen verlieren, tendieren wir zu der Überzeugung, dass diese auch eintreten werden. Das Ego muss entweder seine Wunschvorstellung zukünftiger Ereignisse bestätigt bekommen, um glücklich zu sein oder es versinkt in Angst darüber, dass seine Befürchtungen die einzige Lebensrealität sein könnte. Beide Varianten führen dazu, die Wirklichkeit dauernd kontrollieren zu wollen. Daher verlangsamt auch diese zweite Aktivität des Egos, das Antizipieren, unsere seelische Ausdehnung.

DRITTENS. Das Ego muss mit der Vergangenheit hadern. Die Weigerung, alles anzunehmen, was das Leben uns an Erfahrungen bietet und seine Sinnhaftigkeit für unsere Entwicklung zu bezweifeln, ist ein Muster, was wir Hadern nennen. Das ist die dritte Aktivität des Egos.

Wenn das Ego gerade nicht damit beschäftigt ist potenzielle Widrigkeiten vorwegzunehmen, verharrt es oft in einem Zustand von Unbewusstheit. Aus diesem blickt es auf die Vergangenheit zurück und klagt alle Menschen, Situationen und Dinge an, die es für die Ursache seines Leidens hält. Da das Ego die Seele in der Tiefschlafphase ihrer Ausdehnung darstellt, fühlt es sich immer tendenziell ausgeschlossen, verlassen und sogar betrogen von einem Universum, das in Wirklichkeit Situationen nur dafür erschafft, damit wir wachsen können. Würde das Ego sich mehr mit der Welt verbunden und von ihr unterstützt fühlen, gäbe es wiederum gar kein Ego, um solcherlei Gefühle zu hegen. Nur die Seele allein kann sich in Übereinstimmung mit der Quelle bringen. Daher sind schmerzhafte Gefühle von Bedauern und Trennung ein Anzeichen dafür, dass sie noch in tiefstem Verpuppungsschlaf liegt und sich erst auf das Erwachen ihres Bewusstseins vorbereitet.

Manchmal kann uns das Hadern mit der Vergangenheit dazu inspirieren, uns Anerkennung für gelernte Lektionen, erreichte Weisheit und gefällte Entscheidungen zu geben. Wenn wir uns jedoch von unserem Ego dominieren lassen, benutzen wir das Hadern unbewusst, um uns vor den potentiellen Bedrohungen in unserem täglichen Leben zu verstecken. Das Hadern antizipiert Worst-Case-Szenarien und setzt so das Sorgen in Bewegung. Das ist Teil des Teufelskreises des Egos. Sobald wir im Zustand der Sorge sind, benutzt es die schmerzhaften Dinge der Vergangenheit, um sich von seinen Sorgen über die Zukunft abzulenken. Gleichermaßen benutzt das Ego das Hadern mit der Vergangenheit, um düstere Erwartungen in die Zukunft zu projizieren und veranlasst uns dadurch, uns noch mehr Sorgen zu machen.

Wie du sehen kannst, entsteht auf diese Weise ein Teufelskreis des sich Sorgens, Antizipierens und Haderns.

Von der Inkubation zur Ausdehnung

Bei der Untersuchung der drei Aktivitäten des Egos stellen wir fest, dass die Angewohnheit zwischen Besorgnis, Antizipation und Hadern hin und her wechseln, dem unbewussten Zustand von Inkubation oder seelischem Verpuppungsstadium entspricht. Dieses hält solange an, bis die Seele einen kritischen Punkt erreicht hat und für einen weiteren wichtigen Wendepunkt in ihrer spirituellen Entwicklung bereit ist.

Jedes Ausmaß von innerem Krieg oder persönlichem Konflikt hat seine Grundlage in einem schlafenden Bewusstsein. Sobald die Seele ihrem evolutionären Ziel folgt, sich aus der Inkubationsphase in die Ausdehnung zu begeben, können wir diesen Prozess wirkungsvoll unterstützen – durch die Bereitschaft, die Aktivitäten des Egos möglichst achtsam wahrzunehmen. Die Fähigkeit, den inneren Krieg zu beenden, kann mithilfe einer Gleichung dargestellt werden. Sie enthält folgende Bestandteile:

Bewusstheit + Auflösung = Ausdehnung

Viele Menschen sehnen sich nach Entschlusskraft, ohne zuerst eine entsprechende Bewusstheit entwickeln zu wollen, welches wiederum die Grundlage für ihr höchstes spirituelles Wachstum darstellt. Andere haben zwar ein Bewusstsein dafür entwickelt, wie sehr Besorgnis, Antizipation und Hadern ihr Leben negativ beeinflussen, wissen aber nicht, wie ihr nächster Schritt aussehen könnte.

Um die oben genannte Gleichung als eine Art Handlungsanleitung für die eigene Entwicklung zu nutzen, sollten wir uns daran erinnern, dass wir ›verkörpertes Wort‹ sind. Gerne wiederhole ich hier den Satz: »Am Anfang war das Wort und das Wort der Wahrheit rief jede Erscheinung ins Leben.«

Da jeder von uns ein lebendiger Ausdruck der göttlichen Energie ist, sind wir das heilige Wort, das sich durch den Menschen verkörpert. Wir inkarnierten in einen sich ständig ausdehnenden Lebensprozess, in dem Bewusstheit und Auflösung die Expansion der Seele dazu inspirieren, uns zu erinnern, zu erkennen und schließlich zur Einheit zurückkehren.

Da unsere göttliche Quelle all-wissend und all-liebend ist, ist das Licht ihrer Präsenz in allem sichtbar, um uns an die Einheit zu erinnern und auch daran, dass wahre Offenheit alles einschließt.

Um die Erkenntnis der Einheit zu verkörpern, denke über die Weisheit der folgenden Aussagen nach oder wiederhole sie laut:

Ich akzeptiere, dass das Ego die Seele in ihrem tiefsten Schlafzustand darstellt. Es darf daher weder bekämpft, abgelehnt oder verleugnet werden, egal wie schmerzhaft es sich bemerkbar macht, wenn es zwischen den Mustern der Besorgnis, der Antizipation und des Haderns hin- und herwechselt.

Ich akzeptiere, dass die wahren Gründe, aus denen ich Besorgnis empfinde, antizipiere oder hadere, mir bisher nicht bewusst waren. Ich nutze diese Muster einfach um Energie aufzubauen und ein Erwachen meines Bewusstseins zu bewirken.

Indem ich dies akzeptiere, erlaube ich allen an meinem inneren Krieg beteiligten Anteilen, geheilt und erlöst zu werden. Damit erschaffe ich mehr Raum für die Ausdehnung meiner Seele. Ich nehme meinen tiefsten Heilungsprozess im Namen der Liebe an und weiß, dass alles, was ich in mir selbst erlöse, der Transformation jedes einzelnen Herzens dient, denn wir sind eins. Und so ist es.

KAPITEL 2

Freiheit vom spirituellen Mikroskop

Zehn Jahre sind vergangen, seitdem ein einziger Moment den Kurs meines Lebens und meiner Wirklichkeit verändert hat. Ich erinnere ich mich, als ob es gestern gewesen wäre. Ich stand vor dem mannshohen Spiegel in meinem Schlafzimmer und wurde von dem Drang übermannt, direkt in mein eigenes Abbild hineinzublicken ohne mich abzuwenden. Ich verspürte ein existenzielles Hin- und Hergerissensein zwischen all dem, was mir bisher von meinem Umfeld über mich beigebracht worden war und einem inneren Wissen, das nicht länger im Hintergrund bleiben wollte. Während ich mir selbst tief in die Augen schaute, konnte ich die Intensität einer kurz bevorstehenden Offenbarung in mir arbeiten spüren. Es war, als ob winzig kleine Energiestrudel in jeder meiner Körperzellen zu rotieren begannen.

Währenddessen konnte ich beobachten, wie die Form im Spiegel sich veränderte, an Dichte verlor und wie eine Lichterscheinung zu vibrieren begann. Ich konnte direkt sehen, wie die Person, für die ich mich bisher gehalten hatte, in Wirklichkeit ein Ausdruck ewigen Lichts war. Nichts in Bezug auf diese Person war falsch, unbedeutend oder in der Lage, das Licht zu blockieren, dass ich durch mich hindurch pulsieren sah. In diesem Moment fühlte ich mich in Bezug auf meinen Körper, meinen Geist und meine Persönlichkeit irgendwie rein, vollendet und vollkommen. Es schien wie eine unmittelbare Bewusstseinsverlagerung, in der ich die wahre Realität erlebte, während ich mich in physischer Form befand. Dies löste in mir eine Welle von Harmonie, Respekt und Ehrfurcht für alle lebenden Geschöpfe und fühlenden Wesen aus.

Das in mir pulsierende Licht verbreitete sich über meinen Körper hinaus, bis alle Dinge in Sichtweite um mich herum wie eine einzige und ungeteilte Wirklichkeit vibrierten. Das Gefühl des Friedens war immens. Dazu kam diese Empfindung einer selbstverständlichen und unerschütterlichen Erleichterung. Ich fühlte mich zutiefst angenommen, angekommen und mit einer tiefen Wahrheit ausgestattet, die nicht einen Moment länger zurückgehalten werden konnte. Als ich auf die Energie innerhalb der erahnten Umrisse meines Körpers starrte, wusste ich instinktiv, dass es sich um das Licht meiner Seele handelte.

Alles um mich herum vibrierte wie ein all-wissendes, all-liebendes und all-gegenwärtiges Energiefeld. Ich konnte die mich umgebende Energie als die einzigartige Form sehen, die sich das unendliche Quantenfeld gewählt hatte, um sich als eine Person namens Matt auszudrücken und zu erforschen.

In genau diesem Moment hörte ich die folgenden Worte durch mich hindurch tönen: *Früher war ich eine Person, die in einem Raum stand. Nun bin ich der Raum, in dem eine Person steht.*

Anstatt eine Person zu sein, die die Natur der Seele betrachtet, war ich die Seele, die die Erfahrung ihrer eigenen göttlichen Natur macht, während sie Form und Körper in einem Spiel von Zeit und Raum annimmt. Diese Offenbarung hat Menschen, Situationen und Dinge nicht weniger wichtig für mich gemacht. Ich fühlte auf unmittelbare, unbestreitbare und offensichtliche Art instinktiv das Vorhandensein des Göttlichen in jeder Form, während ich dabei allen Dingen *gleichzeitig* innewohnte. Im selben Moment fühlte sich dieses ›persönliche Selbst‹ so an, als ob es gleichermaßen dafür erschaffen wurde, der Seele als einzigartiges Instrument für ihre unendlichen kosmischen Abenteuer zur Verfügung zu stehen.

Während ich an diesem schicksalhaften Sonntagnachmittag vor dem Spiegel meines Schlafzimmerschranks stand, kehrte diese unerwartete Bewusstseinsverlagerung meine Realität buchstäblich von innen nach außen. Dieser Moment bedeutete zweifellos der Beginn einer rätselhaften und rasanten spirituellen Ausdehnung quer durch alle Aspekte meines Lebens. Gleichzeitig stellte er das Ende aller Kämpfe, Qualen und Selbstkritik dar. Das Licht meiner Seele erwachte und trat triumphierend aus der Dunkelheit hervor.

Unser modernes, spirituelles Leben bietet uns die Möglichkeit zu erwachen und das Licht der Seele zu erkunden. Dies passiert oft als Folge einer Tragödie, als Antwort auf unvermeidbaren Verlust, als Heilmittel gegen jegliche Krankheit oder als Bestreben, die unendliche Neugierde auf das eigene innere Mysterium zu stillen. Mit jedem Schritt der Ausdehnung wird ein fundamentales Missverständnis von innen nach außen aufgelöst. So offenbart sich das Licht der göttlichen Vollkommenheit, das sich als Leben tarnt. Jede persönliche Begegnung bietet uns die Gelegenheit, uns zur Fülle und Einzigartigkeit unseres reinen Seelenpotenzials hin zu entwickeln.

Viele von uns beschäftigen sich seit Jahren intensiv mit verschiedenen Wegen des inneren Wachstums. Die Chance auf Erleichterung, die wir erfahren können, ist jedoch sehr viel größer, sobald wir unseren Weg aus der Seelenperspektive gehen. Selbst nachdem wir uns der drei Aktivitäten des Egos bewusst geworden sind, kann es sich aber manchmal immer noch wie eine überwältigend schwierige Aufgabe anfühlen, uns von den Mustern zu befreien, die so lange so viel Energie von uns gefordert haben.

Auch wenn die konditionierten Reaktionen des Egos Quelle menschlichen Leidens sind – es geht darum, das Ego zu transformieren und nicht, es im Stich zu lassen oder loszuwerden.

Auf jeder Stufe unserer spirituellen Entwicklung erfahren wir, dass alle Versuche, Veränderung mit Gewalt zu erzwingen, die heilungsbedürftigen inneren Konflikte nur weiter anheizen. Es ist vollkommen verständlich, sich nach einem Leben ohne Egofallen zu sehnen. Der Pfad der Transformation verlangt jedoch Offenheit anstelle von Widerstand von uns.

Aus Sicht der Seele kann der innere Krieg des Egos nur unter Einsatz größter Demut beigelegt werden. Wir müssen dabei unsere innere Entwicklung mit liebevoller Empathie begleiten und jede Gewalt oder Aggression loslassen. Da die Seele nicht von ihrer weisen, harmonischen und allgegenwärtigen Quelle getrennt ist, geht sie immer mit der höchsten Liebesschwingung in Resonanz. Aus dieser erweiterten Perspektive verstehen wir den Sinn unseres Daseins und wertschätzen dabei ganz selbstverständlich uns selbst, andere und die große Bedeutung unserer Reise als Göttlichkeit in materieller Form.

Auflösung bedeutet Licht zu kultivieren

Erinnern wir uns an die Gleichung *Bewusstheit + Auflösung = Ausdehnung*. Sobald wir uns der drei Aktivitäten des Egos bewusst geworden sind, können wir lernen, das Ego auf möglichst herzbasierte Art zu integrieren. Statt noch mehr Zeit darauf zu verwenden, uns unter einem spirituellen Mikroskop selbst zu sezieren, ist es hilfreicher, den entscheidenden Kurswechsel zu erforschen, der uns in Bezug auf die Entwicklung unserer Seele nach vorne bringt.

Im Grunde geht es dabei hauptsächlich um eine Verlagerung unserer Aufmerksamkeit. Statt permanent in Habachtstellung zu sein und zu versuchen, noch mehr Unzulänglichkeiten zu finden und zu verändern, öffnen wir uns dafür, höhere Lichtfrequenzen zu verkörpern und schauen auf das große Ganze. In vielen spirituellen Gemeinschaften versteht man unter der

Kultivierung von Licht das Anheben der eigenen Schwingung. Wir hören auf, gegen innere Begrenzungen anzukämpfen, die das Ego als Feinde aufspürt, und verfeinern stattdessen mehr und mehr unsere positivsten Qualitäten. Licht zu kultivieren bedeutet unsere Bereitschaft zum Wohlbefinden kund zu tun, zu unserem eigenen Nutzen und dem unserer Mitmenschen.

Sobald wir unser Wohlbefinden deutlicher erkennen und wahrnehmen, entdecken wir die nötige Sicherheit und Motivation, unsere kraftvollsten Eigenschaften offen zu zeigen. Wie auch immer sich unser Leben entwickelt, das Gefühl der Einheit in der Vielfalt bleibt in jedem Herzen lebendig und erinnert alle bewussten Menschen daran, dass Offenheit niemals ausschließt. Als göttliche Diener der Einheit sind wir auf diesen Planeten gekommen, um einen bedeutsamen Auftrag auszuführen. Wir unterstützen die Erde beim Erreichen ihres höchsten Entwicklungsziels, indem wir ein immer präsentes Wohlbefinden als Antwort auf das Auf und Ab des Lebens verkörpern.

Dies kann uns verstehen helfen, dass es der Prozess der Schwingungsanhebung unseres Energiefeldes ist, der den größten Beitrag dazu leistet, das Bewusstsein einer ganzen Zivilisation zu verändern. Ob wir unsere Aufmerksamkeit dabei eher auf den einzelnen Menschen oder auf das Ganze lenken, spielt keine Rolle. Genau die Schritte, die benötigt werden, um von der Egoperspektive zur Seelenperspektive zu wechseln, dienen auch dazu, den Wendepunkt zu erreichen, bei dem das Gefühl der Einheit in der Ganzheit erweckt wird.

Ganzheit ist das absolute Gesetz der Liebe. Es ist das Kultivieren des Lichts, das uns direkten und authentischen Zugang zum Erfahren dieses kosmischen, allumfassenden Gesetzes gibt. Der Prozess der Lichtkultivierung beginnt mit dem Erlernen der essentiellen Handlungsschritte zum Auflösen der Egomuster Besorgnis, Antizipation und Hadern. Wir können diese Schritte immer und immer wieder anwenden, wenn unsere negativen Muster aktiviert werden oder sie einfach als ein Angebot für neue, inspirierte Wahlmöglichkeiten in unserem Alltag sehen. In jedem Fall bedeutet die spirituelle Praxis der Lichtkultivierung, dass wir vom inneren Krieg zu den natürlichen Eigenschaften unserer Seele finden.

Vom inneren Krieg zur wahren Natur

Wenn wir die Buchstaben des eng. Wortes WAR (Krieg) umkehren, wird als Gegenstück das Wort RAW (unbearbeitet: hier gemeint als wahre Natur) sichtbar. Sobald wir uns mit unserer wahren Natur beschäftigen, werden die natürlichen Eigenschaften unserer Seele enthüllt. Im Gegensatz zu einer Auseinandersetzung zwischen Hell und Dunkel macht dies unsere spirituelle Entwicklung hin zur Vereinigung mit der Quelle möglich. Die Seele ist sich bereits bewusst, dass das Licht nicht dafür existiert, um die Dunkelheit zu bekämpfen. Sie wurde zur Erde gesandt, um die Dunkelheit aus ihrem Unglück zu erlösen und sie auf möglichst umsichtige und authentische Art ins Licht zurückzuführen. Sobald Spiritualität aus der Egoperspektive gelebt wird, richtet sich ihr Fokus darauf aus, die Dunkelheit loszuwerden, um Platz für das Licht zu machen. Wählen wir jedoch den Weg des Herzens, sind wir nicht länger in einem Kampf der Polaritäten gefangen, in dem sich Gut und Böse gegenüberstehen oder Licht seinen Schatten verleugnet. Stattdessen lernen wir, wie sich die Seele auf ganz natürliche Art in Zeit und Raum verhält.

Während wir uns so vom inneren Krieg hin zu unserer wahren Natur bewegen, werden wir zu Menschen, die Wohlbefinden verkörpern und Licht kultivieren, damit sich unsere Seele ausdehnen kann. Mit der Erhöhung unserer Schwingung wird jedes unbewusste Muster, jede schmerzhafte Erinnerung und jede Manifestation von Dunkelheit auf natürliche Weise umgewandelt und kann so seine Aufgabe vollenden und zur Quelle zurückkehren.

Buddha kämpft nicht

In den Erzählungen über Buddha findet sich eines der offensichtlichsten Zeugnisse der Verlagerung vom inneren Krieg hin zur wahren Natur. Die historischen Texte beschreiben, dass der Buddha unter seinem Bodhibaum von Dämonen umgeben war. Dies wurde oft dahingehend ausgelegt, dass der Buddha die Notwendigkeit verspürte, die verlockenden Qualitäten des Egos oder der menschlichen Begierden zu verleugnen und sich dadurch tief in der Reinheit der wahren Lehre zu verwurzeln. Natürlich kann der Gedanke, irgendetwas ablehnen zu wollen, nur dem Blickwinkel des Egos entspringen!

Bildliche Darstellungen Buddhas zeigen ihn mit friedlich an beiden Seiten ruhenden Händen und weit geöffneten statt geschlossenen Augen. Wären die Augen Buddhas geschlossen abgebildet, hätte der Buddhismus dadurch die Notwendigkeit betont, das Ego abzuwehren oder sich von der Dunkelheit abzuwenden, um die Erleuchtung zu erlangen. Da die Augen Buddhas aber offen dargestellt werden und seine Arme zu beiden Seiten ruhen, wird damit bekräftigt, dass die Wahrheit nicht dazu da ist, die Dunkelheit zu bekämpfen oder zu verleugnen.

Sogar, wenn er von Dämonen umgeben ist, befindet sich Buddha in einem Zustand von Gelassenheit, denn er hat sein wahres Selbst als die Kraft begriffen, die die Dunkelheit transformiert, das Ego erlöst, das Licht wiederherstellt und Wohlbefinden verkörpert.

Als ein dich entwickelnder spiritueller Meister wirst auch du deine eigenen tiefen Erleuchtungsmomente unter dem symbolischen Bodhibaum des Lebens erfahren, sobald du dich vom inneren Krieg hin zu deiner wahren Natur bewegst. Damit das gelingen kann, müssen wir die einzelnen Aspekte unserer wahren Natur besser erforschen.

Wahre Natur beginnt mit Respekt

Um unsere wahre Natur möglichst bewusst zum Ausdruck bringen zu können, benötigen wir Respekt. Die der Seele innewohnende Fähigkeit zum Respekt ist ihre Offenheit dafür, alles zu ehren, unabhängig davon, ob der ihr begegnende Mensch seine eigene Göttlichkeit mit Würde verkörpert oder nicht.

Aus Sicht der Seele dient jede Interaktion der Möglichkeiten für inneres Wachstum und spirituelle Erweiterung. Dies gibt unserem persönlichen Verhalten in Bezug auf die Umstände unseres Lebens große Bedeutung. Wie wir mit uns selbst und anderen umgehen, ist für die Entwicklung unserer Seele wichtiger als die Situationen selbst, mit denen wir konfrontiert werden.

Sobald der Wunsch in uns erwacht ist, sich des Einen im Ganzen bewusst zu werden, wird das Bestreben, jeden Moment unseres Lebens und jeden Menschen zu respektieren, zu einer unserer höchsten Prioritäten. Wir können lernen, die Evolution anderer zu ehren, unabhängig davon, ob sie selbst die große Bedeutsamkeit ihrer seelischen Entwicklungsreise verstehen oder nicht. In dieser Betrachtungsweise zeigen uns grausames oder kleinliches Verhalten lediglich an, dass ein Ego mit großer Energie dabei ist, sich aus seinen alten Mustern zu befreien.

Gleichermaßen gibt es *keinen* spirituellen Lohn dafür, in Situationen zu verharren, in denen wir als mentaler, emotionaler, physischer oder energetischer Sündenbock dienen. Ob du die Situation bereinigen oder verlassen möchtest – die Seele hat mehr Interesse daran, dem Gegenüber mit Respekt und Wertschätzung zu begegnen als an deiner letztendlichen Entscheidung, wie du mit der Situation umgehst. Aus der Seelenperspektive kann das Leben als ein kosmisches Abenteuer unter der Überschrift »Wie werde ich darauf reagieren?« betrachtet werden. Die Antwort darauf findet sich in der bewussten Ausübung von immer noch größerem Respekt. Auch wenn wir nicht immer mögen werden, wie ein Mensch während gewaltiger innerer Wachstumsschübe spricht oder sich verhält, können wir dennoch respektieren, dass er uns aus einem wichtigen Grund begegnet ist.

Um die Schwingung von Respekt zu kultivieren, bedenke bitte die Weisheit der folgenden Fragen:

Was geschieht, wenn ich das Göttliche in anderen respektiere, egal, ob sie das Göttliche in mir wahrnehmen oder nicht?

Was geschieht, wenn ich es wage, meine eigene Göttlichkeit zu respektieren, anstelle darauf zu warten, dass andere das Licht in mir erkennen?

Wie wäre es, wenn ich die unbewussten Handlungen anderer nicht gut finden muss, um ihre Seele ehren zu können?
Was geschieht, wenn jede respektlose Situation für mich eine Gelegenheit ist, innezuhalten und mir selbst auf einer noch tieferen Ebene Wertschätzung zu geben?

Zeigen meine wichtigsten Lebensentscheidungen tiefsten Respekt für mich und andere?

Wenn ich es mir zur Aufgabe machen würde, mich Tag für Tag mehr zu respektieren, wie würde mein Leben sich dann verändern? Was müsste anders werden?

Wenn du dem Respekt die Führung übergibst, wird dir in jeder Wachstumsmöglichkeit der tiefere Sinn persönlicher Begegnungen aufgezeigt. Egal, ob die Charaktere in unserem Lebens-Spiel für uns angenehme oder unangenehme Rollen einnehmen, nichts kann unsere Seele davon abhalten, sich in jeder Szene weiter auszudehnen.

Respekt ist der Ausdruck von Anerkennung

Wenn du durch respektvolleres Verhalten das Licht kultivierst, könntest du entdecken, dass es nahezu unmöglich ist, das Leben zu ehren, ohne die Bereitschaft, es auch anzuerkennen. Aus diesem Grund stellt Anerkennung den zweiten Aspekt deines wahren Wesens dar. Anerkennung ist eine respektvolle Haltung, die es wagt, allen Dingen ein Existenzrecht zu geben – egal wie schmerzhaft, frustrierend oder unbequem sie sich für das Ego darstellen.

Auch dann, wenn wir von anderen respektlos behandelt werden, gibt uns dies für uns die Möglichkeit, Schmerz, Stress, Abwehr, Trauer oder Wut als einen tiefen Heilungsprozess anzuerkennen. Ob uns jemand auf der Straße eilig den Weg abschneidet, wir von Familienmitgliedern kritisiert oder gar von einem geliebten Menschen betrogen werden, es ist immer faszinierend wahrzunehmen, welche große seelische Erweiterung dies für das Leben der Betroffenen bewirkt. Dies gilt auch für die Menschen, die noch nicht wahrgenommen haben, dass sie sich auf einem spirituellen Entwicklungsweg befinden. Oft wird geglaubt, dass mystische Erfahrungen nur von Menschen erlebt werden können, die an derartigen Themen interessiert sind. Ein zeitgemäßes spirituelles Abenteuer besteht jedoch bereits darin, allen tiefreichenden und transformierenden Erfahrungen, die sich als Unwägbarkeiten des Lebens tarnen, einen tieferen Sinn zu geben. Als Menschen sind wir aktive Teilnehmer unseres seelischen Ausdehnungsprozesses, auch wenn wir uns die meiste Zeit davon in der Inkubationsphase des Egos befinden.

Da Bewusstheit ein so wichtiger Teil der Gleichung *Bewusstheit + Auflösung = Ausdehnung* ist, möchten viele spirituell Suchende denjenigen helfen, die sich nicht respektvoll verhalten und sie zum Erkennen ihres unbewussten Verhaltens bewegen. Es ist grundsätzlich wichtig, bei Bedarf für sich selbst einzutreten. Der dringende Wunsch jedoch, der andere möge sein unzulängliches Verhalten eingestehen, bedeutet allerdings, dass wir uns von seinem Willen abhängig machen. In diesem Fall befinden wir uns in einer ko-abhängigen Verhandlung mit dem Ego eines anderen Menschen und warten auf seine Einsicht, damit sich unsere eigene Erfahrung ändern kann.

Nur wir selbst können anerkennen

Was wäre, wenn alles, was in unserer Wirklichkeit passiert, nur erschaffen wurde, damit wir es anerkennen können? Was wäre, wenn alle Menschen so handeln wie sie handeln, um uns zu helfen, mitfühlender, empathischer und achtsamer im Umgang mit anderen zu sein?

Verhält sich jemand respektlos, versucht seine Seele damit auszudrücken, unter wie viel Stress sich der Mensch als Folge seiner Entwicklung befindet. Dabei handelt es sich um eine Ausdehnung, die von diesem Menschen vielleicht noch nicht einmal als solche wahrgenommen wird. Immer, wenn wir es mit respektlosem Umgang zu tun haben, verlangt die Seele des betreffenden Menschen nach mehr Raum, um von den gerade in ihr aktiven Veränderungsprozessen nicht weiter abgelenkt zu werden. Es ist so, als wäre jede Form von Respektlosigkeit eine arglose Bitte um Entschuldigung durch die Seele – dafür, dass die Person nicht in der Lage war, sich so zu zeigen, wie wir es uns gewünscht hätten.

Egal, ob wir von einem Kollegen, Freund, Nachbarn oder einer geliebten Person verletzt worden sind, können wir anerkennen, dass respektloses Verhalten die Bitte der Seele nach mehr physischem Abstand ist. Dadurch kann sie mehr Zeit damit verbringen, sich selbst über die Begrenzungen des Egos hinaus kennen zu lernen.

Wenn es so sein soll, dass sich jemand vorteilhaft für die Entwicklung beider Seelen verhält, wird sein Verhalten offen, ehrlich und respektvoll sein. Wenn unser Gegenüber nicht in der Lage ist, respektvoll zu kommunizieren, verlangt seine Seele nach mehr Abstand, auch wenn sein Ego den Gedanken an Trennung kaum aushalten kann.

Fühlt sich jemand von unserem Licht eher abgelenkt oder negativ aktiviert als beruhigt oder unterstützt, wird uns sein respektloses oder unaufrichtiges Verhalten zeigen, wie viel Raum er gerade benötigt. Sollte dein Gegenüber sein Verhalten auch nach einiger Zeit nicht ändern, ist dies möglicherweise ein Zeichen dafür, dass die Beziehung zu Ende ist. In diesem Fall gibt es nur noch Entwicklungsvorteile für beide Partner, wenn sie sich trennen. Hierbei handelt es sich um eine viel stärkere Möglichkeit der Selbstermächtigung in der Beziehungsgestaltung, als im alten Paradigma, wo ein Beziehungspartner dem missbräuchlichen Partner weiterhin nahe bleiben musste, um ihn ›so zu akzeptieren, wie er nun einmal ist‹. Ist unsere Seele gut im Bewusstsein der Anerkennung verwurzelt, können andere von unserer Schwingung profitieren, wenn sie zu respektvollem Verhalten fähig sind. Sollte es Erkenntnisse und Antworten in uns geben, die für ihre Entwicklung fundamental sind, werden sie uns Fragen stellen, die an diese Weisheit appellieren und uns damit wissen lassen, welches Geschenk wir ihnen machen können.

Stellen andere Menschen keine Fragen, die unsere tiefste Weisheit in uns hervorbringen, signalisieren uns ihre Seelen auf diese Art, dass sie nicht bereit sind oder nicht den mentalen Raum dafür haben, die neuen Ideen, Konzepte oder Perspektiven aufzunehmen, die wir ihnen gerne nahebringen möchten.

Auch wenn du es vor Ungeduld kaum aushältst und wenigstens ein bisschen Wahrheit dazu beitragen möchtest, damit Menschen in deinem Umfeld bereicherndere Erfahrungen machen können, kann dieser positive Impuls von ihnen erst angenommen werden, wenn sie für tiefere Einsichten offen und willens sind, dir entsprechende Fragen zu stellen.

Wir können andere Menschen trotzdem jederzeit in ihrer Entwicklung unterstützen, egal, wie offenherzig oder engstirnig sie zu sein scheinen. Dies gelingt uns am ehesten dann, wenn wir uns entschließen, inmitten der Unwägbarkeiten des Lebens eine Quelle emotionalen Trostes zu sein. Aus dieser Perspektive erkennen wir auch, dass Menschen in vielen Situationen eher emotionale Unterstützung und persönliche Ermutigung brauchen, als noch mehr Informationen, die es zu verarbeiten gilt. Nach dem alten Paradigma glaubten wir daran, dass wir uns und anderen mehr helfen können, wenn wir mehr tun. Nach dem neuen Paradigma sind wir Vorbild durch Respekt, wobei wir uns in der Schlichtheit des Anerkennens fest verankern. Wir bleiben offen für die Signale, die unsere

Mitmenschen uns geben und halten damit einen bewussten Raum der Heilung für sie, ohne uns dabei zu verausgaben oder aufdringlich zu sein.

Um zu helfen, die Kraft der Anerkennung zu aktivieren, bedenke bitte die Weisheit der folgenden Aussagen:

Ergehe ich mich in Vermutungen, was meine Bedürfnisse oder die Bedürfnisse anderer angeht oder nehme ich die Signale wahr, die mir gegeben werden?

Kann ich mein eigenes Bedürfnis nach persönlichem Raum anerkennen, wenn ich respektlos reagiere?

Bin ich bereit, anderen Raum zu geben, wenn sie mich respektlos behandeln?

Was von dem, das ich immer wieder übersehen oder sogar mein ganzes Leben lang vermieden habe, bin ich bereit jetzt und hier anzuerkennen?

Treffe ich Entscheidungen, die meine Integrität oder die von anderen missachten?

Durch die Kraft der Anerkennung kann jedes Zeichen aus dem Universum, das auf dem Weg zu dir ist, friedlich, einfach und mit Freude entziffert werden. Indem wir diesen zweiten Aspekt der Seele aus tiefstem Herzen annehmen und uns immer weiter darin üben, verwandeln sich grausame und herzlose Handlungen anderer in wichtiges Feedback für die Navigation unserer Lebensreise.

Alles ist willkommen

Das absolute Gesetz der Liebe beinhaltet, dass Offenheit niemals ausschließt. Alles kann als ein Werk der Quelle geehrt werden, solange wir das Leben aus der Seelenperspektive betrachten. Manche Menschen sind der Ansicht, es handele sich um eine Form von Zurückweisung oder Ausgrenzung, wenn wir jemandem, der uns nicht wertschätzend behandelt, mehr persönlichen Abstand anbieten. Es ist jedoch von höchster Wichtigkeit, jederzeit Rückgrat zu zeigen und in der herzbasierten Wahrheit unserer göttlichen Essenz zu bleiben.

Das bedeutet, dass wir sowohl fähig sind, das Licht in allen Wesen zu feiern, als auch zu unterscheiden, wann unsere Gegenwart nicht das beste Geschenk für die Entwicklung unseres Gegenübers ist. Wenn wir eine vorübergehende oder permanente Grenze setzen und Raum bieten, wird dies lediglich von einem Ego als Ablehnung empfunden, das seine Energie aus der Bestätigung bestimmter Mitmenschen zieht. Mehr Abstand ist vielleicht nicht das Geschenk, das wir uns oder andere sich ersehnen, aber es kann genau die richtige Medizin sein, die alle beteiligten Seelen für ihr intensivstes inneres Wachstum brauchen. Das kann für Partner und Freunde genauso wie für Familienbeziehungen gelten. Können beide Seelen das Bedürfnis nach persönlichem Raum als ein Geschenk der Einsamkeit anerkennen und nicht als Fluch der Zurückweisung empfinden, sind sie freier und können sich schneller auf ihr höchstes Entwicklungsziel konzentrieren.

Aus diesem Grund stellt die Fähigkeit, das Leben mit all seinen Seiten zu *akzeptieren*, den dritten wesentlichen Aspekt unserer wahren Natur dar. Als eine Möglichkeit, uns mehr auf die Seelenperspektive zu konzentrieren, heißen wir die Ereignisse unseres Lebens mit Ehrfurcht und Ehrlichkeit willkommen.

Sobald wir alles im Leben willkommen heißen, ehren wir jede Schöpfung als einen Ausdruck der Quelle und wissen, dass sich jeder Mensch auf seiner einzigartigen Reise durch Zeit und Raum befindet. Wenn wir in einem aktiven Zustand der Empfänglichkeit leben und alles willkommen heißen, sind wir uns bewusst, dass andere für unsere seelische Entwicklung in unsere Realität platziert worden sind – egal, ob sie die Rolle spielen, die wir uns wünschen würden oder nicht.

Indem du in einer empfänglichen Haltung lebst, lädst du die in jedem Lebensmoment verborgenen Geschenke zu dir ein und erkennst sie mit aufrichtigem Herzen und voller Respekt an. Dies geschieht unabhängig davon, wie gut oder schlecht dir jemand in dem offenen Raum, den du anbietest, begegnen kann.

Um die Haltung des Willkommenheißens anzuregen, bedenke bitte die Weisheit der folgenden Aussagen:

Kann ich das Leben aus vollem Herzen annehmen, egal, wie es sich mir zeigt oder mir erscheint?

Bin ich mir der spirituellen Wohltaten einer jeden Begegnung bewusst, auch wenn mein Ego dabei Schmerz empfindet, sich unwohl fühlt oder frustriert ist?

Wie verändert sich meine Erfahrung dessen, was ich denke, fühle und von der Welt und meinen Mitmenschen halte, sobald ich mich entschließe, alles willkommen zu heißen?

Für welche neuen und kraftvolleren Entscheidungen bin ich offen, um der Entwicklung meiner Seele zu dienen?

Jede Begegnung trägt einen Gewinn zu unserer Entwicklung bei. Indem wir schlichtweg jeden Moment unseres Lebens willkommen heißen, erlauben wir diesem Gewinn, den inneren Krieg beenden zu helfen. Krieg wird als Invasion oder als Konflikt zwischen sich bekämpfenden Parteien definiert. Wird jede Seite akzeptiert statt bekämpft, gibt es keinen Konflikt mehr zu lösen.

Mit Hilfe unserer wahren Natur den Krieg beilegen

Anstelle davon, uns zeitaufwändig unter einem spirituellen Mikroskop aus Selbstanklage und Selbstkritik zu sezieren, liegt der Kern unserer seelischen Entwicklung darin, höhere Lichtschwingungen zu kultivieren. Dies geschieht dadurch, dass wir die Art und Weise verändern, mit der wir auf uns selbst und andere reagieren. Indem wir das tun, glätten wir die Ecken und Kanten unseres Egos und helfen ihm, zur Quelle zurückzukehren.

Ich möchte noch einmal wiederholen, dass es nicht darum geht, das Ego zu verstoßen. Es geht vielmehr darum zu realisieren, dass die Quelle, die das Ego zu finden bestimmt ist, der göttliche Funke in dir ist. In jedem bewussten Moment der Wagnis, unser authentisches, mitfühlendes und herz-zentriertes Selbst zu sein, legen wir den inneren Krieg ein Stückchen mehr bei.

Um die Erkenntnis verkörpern zu können, dass alles gut ist wie es ist, bedenke bitte die Weisheit der folgenden Aussagen oder wiederhole sie laut:

Ich akzeptiere, dass mein spiritueller Weg nichts damit zu tun hat, mich unter einem spirituellen Mikroskop zu sezieren. Ich erlaube meiner Seele, die höchsten in mir angelegten Qualitäten noch bewusster und öfter zu zeigen. Dies geschieht, indem ich die Göttlichkeit in meinen Mitmenschen respektiere, die Zeichen richtig deute, wie ich ihre einzigartige Lebensreise am besten unterstützen kann, und indem ich alle Umstände willkommen heiße, die meine größtmögliche Ausdehnung hervorbringen – egal ob diese meinen Wünschen entsprechen oder nicht.

Daher erlaube ich allen Aspekten meiner wahren Natur, den höchsten Qualitäten meiner Seele, in mir aktiviert zu werden und durch mich zum Wohle aller Wesen in die Welt zu kommen.

Von nun an verankere ich mich ganz natürlich in der Freude über all die Geschenke, die ich zu geben habe. Ich muss keine Angst davor haben, dass

> andere mir etwas nehmen oder meinem Herzen vorenthalten könnten. Es gibt einen Grund, aus dem ich hier bin. Ich existiere, weil ich einen Auftrag habe. Ich bin hierhergekommen, weil ich von Bedeutung bin. Und so geschieht es.

Sobald wir damit beginnen, die Aspekte unserer wahren Natur und die höchsten Qualitäten unserer Seele zu bejahen, erkennen wir Schritt für Schritt, dass alles in unserem Leben nur zu unserem Wachstum, unserer Erweiterung und unserer Entwicklung da ist, einschließlich der sogenannten Hindernisse auf unserem Weg.

KAPITEL 3

Wie alles zu deiner Unterstützung da ist

Wird das Wissen, dass alles gut ist, zu unserer selbstverständlichen Erfahrung, geben wir jedem eventuellen Feind oder Hindernis auf natürliche Weise Respekt und Anerkennung und heißen ihn als getarnten Freund willkommen. Während das Ego weiterhin lediglich die Menschen, Situationen und Dinge akzeptieren kann, die seine Wünsche erfüllen, sieht die Seele die Dinge aus einer Perspektive, die über den Vergleich zwischen Schmerz und Vergnügen hinausgeht. Das Ego als Seele im tiefsten Inkubationsschlaf ihrer Entwicklung reagiert mit unbewussten, automatischen und polarisierenden Bewertungsmustern auf die Wirklichkeit. Das bedeutet, dass das Ego sich zu etwas hingezogen fühlt, um etwas anderes vermeiden zu können.

So wünscht sich das Ego zum Beispiel oft die Begeisterung des Gewinnens und sieht einen Sieg als erfolgreiches Vermeiden des Verlierens. Oder aber es sehnt sich nach dem Wohlbehagen in einer Beziehung, um den Schmerz der Einsamkeit zu vermeiden. Vielleicht sucht es auch nach persönlichen Erfolgen, um die innere Leere des Versagens zu füllen. Manchmal strebt es auch nach mehr Gesundheit, um damit potenzielle Krankheiten abzuwehren oder erforscht sogar spirituelle Wege oder Heilmethoden, um jede Art von Besorgnis gesundheitlicher Natur fernzuhalten.

Natürlich ist Schmerz eine Erfahrung, die Menschen möglichst nicht machen wollen. Sind wir jedoch im Licht unserer

Seele gut verankert, können wir ihn als Hinweis auf unsere spirituelle Entwicklung sehen. Das bedeutet weder, dass wir nur unter Schmerzen wachsen können, noch dass wir den Schmerz als das sehen müssen, das zwischen uns und unserem tiefsten Wohlbefinden steht. Wenn wir in unangenehmen Situationen zunehmend aus dem Herzen reagieren können, eröffnet dies eine kraftvolle Möglichkeit, höhere Lichtfrequenzen zu kultivieren. Wenn wir uns darauf konzentrieren, wie ehrfürchtig und liebevoll wir auf jede unserer Erfahrungen reagieren wollen, erlauben wir uns, das Leben aus der Seelenperspektive her zu betrachten.

Das wahre Wesen von Widrigkeiten

Um den spirituellen Verbündeten in jedem scheinbaren Feind, Hindernis oder jeder möglichen Blockade erkennen zu können, müssen wir den tieferen Sinn von Widrigkeiten und ihre Rolle für unsere Entwicklung verstehen.

Auch wenn Widrigkeiten oder Schicksalsschläge so etwas wie eine universelle Initiation auf unserem Lebensweg zu sein scheinen, werden sie oft als schwer zu fassendes Konzept empfunden. Das liegt daran, dass die Definition von Widrigkeit vom Blickwinkel des Betrachters abhängt. Was dem einen grausam und nicht hinnehmbar erscheint, kann für den anderen lediglich eine vorübergehende Erfahrung unvorhersehbarer Umstände sein. Dabei spielt es eine große Rolle, wie sehr ein Mensch im inneren Krieg oder in seiner wahren Natur verankert ist.

Unabhängig davon, wie schmerzlich die Umstände gerade sind und ob uns dies zu Kampf, Flucht oder Starre veranlasst: das, was wir als Widrigkeit wahrnehmen, ist eine Interpretation des Egos als Reaktion auf unerwartete Veränderungen in unserer inneren oder äußeren Umgebung. Obwohl das Ego fähig ist, Veränderungen anzunehmen, die seine Bedürfnisse erfüllen, besitzt es nicht die Anpassungsfähigkeit und praktische Weisheit, um jedes beliebige Ereignis von einer erweiterten Perspektive her zu sehen. Im Gegensatz dazu ist die Seele in der Lage, zu all ihren Erfahrungen zu stehen. Sie erkennt auf ganz natürliche Art und Weise das in ihnen enthaltene Geschenk der Entwicklung, auch wenn es in ungewöhnlicher Verpackung erscheint.

Für die Seele können unerwartete und ungewünschte Veränderungen auftreten, ohne dass innere Konflikte entstehen. Das hat damit zu tun, dass die Seele das Wesen der Evolution mittels des Gesetzes der Alchemie versteht. So wie feste Gegenstände durch den Einsatz von Hitze flüssig oder gasförmig gemacht werden können, kann die Transformation vom Ego zur Seele sehr wirksam stattfinden, indem wir das Feuer der Widrigkeiten durchstehen.

Da die Gaben der Widrigkeiten über alle unsere Entwicklungsschritte hinweg dem Bewusstsein in uns dienen, kann nur die Seele diesen Prozess wirklich annehmen. Sobald das göttliche Licht sich weiter in uns ausbreitet und unseren Körper erdet, erreichen wir einen so transzendenten Wirklichkeitsgrad, dass unsere Entwicklung weitergehen kann, ohne die Flammen der Widrigkeiten zu benötigen. So unglaublich es klingt, wir können, verankert im Licht unserer Seele, größeres spirituelles Wachstum erleben, ohne dass Schmerz, Stress oder Unglück dabei eine solch zentrale Rolle spielen müssen. Und doch hat das Ego über so viele unserer Leben hinweg versucht, sich die Kraft des Universums durch verschiedene mystische Praktiken zunutze zu machen, um genau die Begegnungen zu vermeiden, die die Auflösung alter Verhaltensmuster möglich machen.

Dies wiederum bedeutet, dass es in unserer spirituellen Entwicklung nicht darum geht, unsere Egos noch gebildeter oder kraftvoller zu machen, sondern sie mit der Seele so in Übereinstimmung zu bringen, dass wir sie dauerhaft integrieren können. Egal, ob du verstanden hast, warum oder wie genau es funktioniert, alles um dich herum existiert nur dazu, dich bei deinem Übergang vom Egozustand zur Seelenperspektive zu unterstützen. Diese Erkenntnis verhilft dir dazu, die Realität zu verändern – weg von einer Wahrnehmung fester Materie und hin zur Wahrnehmung der ungeheuren Ausdehnung des Lichts. Dabei wird anfangs das Feuer der Widrigkeiten benötigt, um den richtigen Schmelzpunkt zu erzeugen.

Auch wenn es manchmal so scheint, als ob Menschen sich auf unserem Lebensweg gegen uns verschwören, so stellen doch alle ihrer Handlungen die personifizierte Gnade des Universums dar. Sie erschaffen genau die Umstände, Ergebnisse und das Umfeld, die unseren höchsten Sieg garantieren.

Schlussendlich ist es unsere Bereitschaft, das Geheimnis jedes Lebensmoments zu ehren, anzuerkennen und willkommen zu heißen, die es uns ermöglicht, unser Bewusstsein mit Leichtigkeit zu erweitern. Egal, wie intensiv wir uns wünschen, dass unsere Umstände anders wären, die Verlagerung von der Ego- zur Seelenebene tritt erst dann ein, wenn wir den Verbündeten in jedem unserer Feinde wertschätzen können. Vielleicht wirst du deine zukünftigen Geschenke nicht als solche erkennen – trotzdem aber kannst du die Weisheit, dass *alles* zu deiner Unterstützung hier ist, von Herzen annehmen. Auf diese Weise kannst du das Potenzial deiner Essenz entdecken, ohne dir weiter Sorgen zu machen, Befürchtungen zu hegen oder die Vergangenheit zu bedauern.

Gegner als spirituelle Verbündete

Sobald in unserem Leben Widrigkeiten auftauchen, wird der automatisch ablaufende Rhythmus unserer unbewussten Muster unterbrochen. Aus diesem Grund werden Widrigkeiten vom Ego als Feinde betrachtet, denn das Ego kann außerhalb seines Kokons nicht überleben. In Wirklichkeit sind alle nur vorstellbaren Gegner maskierte spirituelle Verbündete.

Wollen wir die Wirklichkeit außerhalb des Klimas menschlicher Konditionierung erforschen, müssen wir uns, metaphorisch gesprochen, an das Leben in größeren Höhenlagen anpassen. Der Körper braucht Zeit und Fürsorge, um sich an das Atmen in dünner Luft zu gewöhnen. So geht auch unser Bewusstsein durch einen ähnlichen Prozess, wenn wir lernen, von höheren Bewusstseinsebenen her zu leben.

Sobald unbewusste Muster unterbrochen werden, bekommen wir Raum vom Ego angeboten, damit wir in eine erweiterte spirituelle Sichtweise hineinwachsen können. Allerdings rufen unvorhergesehene Veränderungen wie Stress, Konflikte oder Schicksalsschläge oft zuerst Angstreaktionen hervor, da wir in der Vergangenheit die meiste Zeit unseres Lebens damit verbracht haben, das Leben aus der Ego-Perspektive zu sehen. Es kann sich für uns daher schockierend, verwirrend und sogar bedrohlich anfühlen, wenn die Dynamik unerwarteter Veränderungen uns Erfahrungen bringt, die außerhalb unserer bekannten Glaubenssätze und Bezugspunkte liegen. Greifen wir dann zu unserer Beruhigung auf altbekannte Konditionierungsmuster zurück, kann der Veränderungsdruck sich plötzlich wie ein Gegner anfühlen, den es zu vermeiden gilt. Und doch, wenn wir uns einem Dasein jenseits des Freude-Schmerz-Kampfes öffnen, können wir die Schönheit des Lebens außerhalb des Egobereichs kennen lernen – egal wie frustrierend, unangenehm, verstörend oder schmerzhaft jede Widrigkeit sich anfühlen mag.

Um wirklich wertschätzen zu können, wie alles dazu da ist, um dich zu unterstützen, ist es wichtig, diese Erkenntnis in den schmerzhaftesten Momenten unseres Lebens zu ergründen.

Das Geschenk des Verlustes

Auch wenn das Ego Verlust oft als Szenarien bevorstehender Vernichtung empfindet, können uns durch die Unvermeidbarkeit der Veränderung im Leben nur die Dinge genommen werden, durch die Raum für etwas Neues entstehen kann. Egal, wie viel Zeit zwischen Verlusten und Gewinnen zu liegen scheint, liegt die Bedeutung des Verlustes darin, dem Ego sein falsches Machtgefühl zu nehmen und ihm damit aus seinen Verstrickungen zu helfen. Obwohl das Ego darauf beharrt, freiwillig ins Licht zurückkehren zu können, würde es diese Möglichkeit nur unter der strikten Voraussetzung wählen, dass es so bleiben kann, wie es ist.

Da das Licht der göttlichen Energie aber naturgemäß leer beziehungsweise formlos ist, muss das Ego aus seiner definierten Struktur gelöst werden, damit es als Schwingung, nicht als Form, zur Quelle zurückkehren und sich mit ihr vereinigen kann.

Dies bedeutet, dass die Entflechtung des Egos nicht geschehen kann, wann und wie das Ego es gerne hätte. Stattdessen sind es die spontanen Momente unerwarteter Veränderung oder des Verlustes, die eine Bereitschaft für spirituelle Erweiterung andeuten. Wir müssen sicherlich das Gefühl nicht mögen, das uns befällt, wenn sich die Dinge, die bisher unser Selbstwertgefühl, unseren Daseinssinn oder unsere Sicherheit bedeuteten, außer Sicht geraten. Trotzdem können wir Verlust und Veränderung als spirituelle Initiationen ehren, anstatt sie als ungerechtfertigte Momente eines grausamen Schicksals zu interpretieren.

Angst hat einen Grund

Sogar ein so belastendes Gefühl wie Angst ist hier, um dir zu helfen. Auch wenn wir Angst zumeist für ein primäres Hindernis auf dem Weg zur Freiheit halten, sie hat einen tieferen Daseinszweck. Angst agiert als ein Aspekt der Intuition. Diese ist jedoch auf einen Zustand zwanghafter Besorgnis reduziert, solange wir in der Inkubationsphase des Egos feststecken. So wie viele Menschen intuitive Signale erhalten, die sie aus der Gefahr führen, so ist auch die Angst oft ein Zeichen der Vorbereitung. Sie wirkt auf uns wie ein Hinweis, der uns wissen lässt, dass unerwartete Momente großer seelischer Erweiterung bevorstehen.

In Augenblicken der Angst sendet das Universum ein Signal aus. Es lässt das Ego wissen, dass Situationen, die große Angstgefühle hervorrufen, Momente des Entwirrens für das Ego sind, in denen es sich mit Frustration, Unannehmlichkeiten, Verlust oder Veränderung auseinandersetzt.

Da jeder Moment unserer spirituellen Reise in einem Raum freien Willens stattfindet, haben wir immer das Recht zu sagen: *Ich danke dir, Universum, für das Signal der Angst, das ich hinsichtlich einer bestimmten Entscheidung oder Situation empfange. Ich verstehe, dass die Angst mir mitteilen will, dass die Dinge nicht immer so laufen, wie ich es gerne hätte und dass ich in nächster Zeit mit unbequemen Gefühlen, Frustration oder drohendem Verlust und Veränderung als Teil meiner Entwicklung rechnen muss. Ich werde mir die Zeit nehmen darüber nachzudenken, ob ich mich solch einem spontanen Wachstumsimpuls stellen möchte. Sollte ich mich dagegen entscheiden, weiß ich, dass das Thema wieder auf den Tisch kommen wird und ich mich ihm zu einem späteren Zeitpunkt stellen muss. Danke, Universum, für diese Gelegenheit, mit dir zu kommunizieren und zusammenzuarbeiten.*

Die Unvermeidbarkeit von Unbehagen, Frustration, Verlust und Veränderung dient der Befreiung des Egos. Wenn wir Angst als einen Aspekt von Intuition betrachten, können wir kraftvollere Entscheidungen treffen, ohne wissen zu müssen, wie sich eine Situation entfalten wird.

An manchen Tagen heißen wir die persönlichen Herausforderungen an unsere seelische Entwicklung mit Zuversicht und Begeisterung willkommen. Dann wiederum gibt es Zeiten, in denen wir nicht ganz so angetan von der nächsten anstehenden Lebenslektion sind und uns den Raum wünschen, einfach gemütlich dahinzuleben. Da jedoch die Erweiterung unserer Seele unser kosmischer Auftrag ist, ist die Entscheidung, Angst zu vermeiden ganz so, als ob wir im Büro anrufen würden und uns einen freien Tag genehmigten. Wir können die Gnade der Veränderung nicht dauerhaft umgehen, aber wir können in jedem Fall lernen, mit dem Universum zusammenzuarbeiten und sicherstellen, dass unsere Entwicklung auf gut unterstützte Weise verläuft.

Die Weisheit von Wut

Da viele alte Traumata aus unbedachten Wutausbrüchen entstanden sind, ist es ganz natürlich, emotional zuzumachen, wenn ein solches Gefühl wachgerufen wird. Ob wir Angst vor der Rache anderer empfinden oder davor, was wir selbst anderen antun könnten – Wut kann einer unserer stärksten Verbündeten sein, wenn sie wahrgenommen, anerkannt und als getarnte Helferin willkommen geheißen wird.

Aus Sicht des Egos ist Wut eine Reaktion auf ungerechte Anschuldigungen oder Zurückweisungen. Da das Ego in einem unbewussten Zustand der Verpuppung lebt, sieht es immer dann Zurückweisung und Fehlverhalten am Werk, wenn die Dinge nicht nach seinen Erwartungen laufen. Sobald unser Bewusstsein sich ausdehnt, wird uns völlig klar, dass es sich nicht um eine Ungerechtigkeit handeln muss, wenn Situationen sich nicht nach unseren tiefsten Wünschen zu entwickeln scheinen.

Aus der Seelenperspektive gibt es keinen Grund, irgendjemanden dafür zu beschuldigen, wie sich Situationen entwickelt haben oder welche Gefühle durch sie hervorgerufen wurden. Das größte Bestreben der Seele ist es, aus ihrem höchsten Zustand heraus zu reagieren, unabhängig davon, wie ungerecht eine Situation erscheinen mag. Es ist daher entscheidend, Frieden mit der Wut zu schließen, so dass sie uns als die Verbündete unterstützen kann, als die sie erschaffen wurde.

Wenn Wut unsere Verbündete ist, ist sie der Wächter unseres Energiefeldes. So wie Angst eine Möglichkeit darstellt, wie uns das Universum auf bevorstehende Momente des Loslassens vorbereitet, schützt die Wut unser reines inneres Wesen. Wie ein mutiger Wächter tritt sie hervor, wenn Situationen mit dem Potenzial tiefgreifender Veränderung zu überwältigend werden, um sie verarbeiten zu können. Da Respektlosigkeit die Aktivität der Wut in ihrer unbewusstesten Form ist, bietet uns der Zorn immer auch wesentliche Einsichten in unsere Erfahrungen mit anderen.

Wann immer wir respektlos behandelt werden oder Wellen unseres eigenen Zornes spüren, zeigt uns die Weisheit der Wut, wann mehr Raum notwendig ist, um stattfindende seelische Erweiterungen zu unterstützen.

Egal wie viel Gutes wir glauben anderen geben zu können – wenn sie mit Ärger reagieren gibt uns der Wächter ihres Energiefeldes wichtiges Feedback. Das bedeutet, dass wir nicht nur anderen als Antwort auf ihren Zorn Raum geben, sondern es auch als dringend benötigtes Geschenk akzeptieren, wenn wir es sind, die auf Abstand gehalten werden.

Während wir dem Ego verhaftet sind, sind wir in unseren Beziehungen ständig auf der Suche nach Bestätigung, anstatt uns auf den Tanz wahrer emotionaler Vertrautheit einzulassen, den nur die Seele lenken kann. Auf der Grundlage unserer menschlichen Konditionierung suchen wir die persönliche Begegnung oft aus dem Wunsch heraus, emotionale Defizite auszugleichen – und lösen damit noch größere Sehnsucht und Verzweiflung aus.

Solange Beziehungen aus dem Ego heraus unterhalten werden, tendieren sie dazu, Verstrickungen aus Ko-Abhängigkeit und Opferhaltung hervorzubringen, anstelle von bedeutsamen Verbindungen und intimen Partnerschaften. In einer ko-abhängigen Partnerschaft ist es normal, sich mehr darauf zu fokussieren, was wir vom Anderen bekommen wollen, als darauf, die Geschenke anzuerkennen, die jeder von uns mitbringt, damit sie *gemeinsam* empfangen werden können.

Bewegen wir uns vom Ego zur Seele weiter, wird die Wut zur Verbündeten unserer bewussten Wahrnehmung, mit dem Ziel, jede Beziehung in die höchste Schwingung immerwährender Erfüllung zu verwandeln. Auch wenn es keine Garantie dafür gibt, dass unsere Beziehungen ewig bestehen bleiben, können wir uns durch die in ihnen enthaltenen Geschenke positiv berühren lassen – egal, wie lange oder kurz diese Verbindung auch währt.

Haben wir die Wut auf unserer Seite, sind wir fähig zu erkennen, wann das Geschenk des Freiraums für uns selbst oder andere notwendig ist. Sobald die Weisheit der Wut anerkannt wird, sind wir in der Lage zu verstehen, dass die unsensible Antwort, das respektlose Verhalten oder die defensive Reaktion anderer Menschen ein Zeichen dafür ist, dass sie gerade Erweiterungsprozesse durchmachen, die sie in ihrem tiefsten Inneren überwältigen.

Während das Ego darauf besteht, sein Gegenüber vor seinen Erfahrungen retten zu müssen, wird die Seele anderen Menschen Raum zum Verarbeiten ihrer Gefühle geben. Gleichzeitig bleibt sie offen für neue Interaktionen, sobald eine entsprechende Einladung an sie ergeht.

Ob wir auf globale Ereignisse reagieren oder auf eine hitzige Diskussion, die Weisheit der Wut macht uns auf den Zeitpunkt aufmerksam, an dem wir durch die Tiefe unserer spirituellen Erfahrungen zu überwältigt sind, um bewusst reagieren zu können. Haben wir es mit einem Ego zu tun, werden wir wahrscheinlich in die sprichwörtliche Ecke gedrängt und ohne Rücksicht auf unser Wohlbefinden zu Antworten gezwungen. Sind wir jedoch in Kontakt mit einer Seele, kann jede Abweichung unserer jeweiligen Meinungen offen und ehrlich diskutiert werden. Sobald während eines Gespräches in einem Herzen Wut aufflammt, kann die Unterhaltung pausieren, während sich jeder Partner um seine Gefühle kümmert. Ist der Ärger wieder abgeflaut, können sich die beiden wieder einander zuwenden und weitersprechen.

Im Grunde rufen weder Menschen noch Plätze oder Dinge Wut in uns hervor. Unser Zorn kommt von unserem Nicht-Wissen, wie wir innerlich Raum anbieten können, wenn Beziehungen sich mehr darauf richten, etwas vom Anderen zu bekommen, anstelle sich auf die Schönheit des Austauschs mit denen zu konzentrieren, die wir lieben.

Wie Bewertungen uns unterstützen können

Wie wäre es, wenn wir Bewertungen als eine weitere Form der Intuition verstehen würden?

Aus der Perspektive des Egos werden Wertungen als Kritik empfunden, die unsere Herzen zu denjenigen auf Abstand halten, die unsere eigene Auffassung von der Wirklichkeit nicht teilen. Solange wir im Egozustand verpuppt sind, sind Bewertungen mentale oder verbale Attacken gegen die Bedrohung, die in der Veränderung wahrgenommen wird. Sie können als Verleumdung, Rassismus, Stereotypisierung oder Sexismus auftreten und sich auch dadurch zeigen, dass jemands Lebensstil lächerlich gemacht wird.

Da die Bestimmung des Egos darin liegt, sich aufzulösen, befindet es sich in einem Zustand so großer Verletzlichkeit, dass schon alleine die Gegenwart einer Person, die anders denkt, handelt, spricht und aussieht als man selbst, heftige Abwehrbewegungen auslösen kann. Sobald wir in der Klarheit unserer Seele fest verwurzelt sind, werden alle Lebewesen ganz selbstverständlich als einzigartiger Ausdruck unserer immerwährenden Quelle wertgeschätzt. Egal, wie andersartig jemand erscheint, es gibt in uns eine selbstverständliche Akzeptanz dafür, dass jeder Mensch auf seinem individuellen Lebensweg geführt wird, um genau die Erfahrungen zu machen, die für sein Wachstum sinnvoll sind. Auch wenn die Seele genau die Veränderungen aus tiefstem Herzen willkommen heißt, die das Ego mit aller Kraft bekämpfen will, hat sie doch selbst einen tiefgreifenden Entwicklungsweg zu gehen. Ein Beispiel hierfür ist das Erlangen der Sichtweise, dass das Auftauchen jeglichen Urteils eine Form der Intuition ist, die wir empfangen.

Wenn alles dazu da ist, um uns zu unterstützen, dann muss selbst das Bewerten in irgendeiner Form nützlich sein. Auch wenn Wertungen sich als harte Kritik uns selbst oder anderen gegenüber zeigen, können wir lernen, jede intuitive Botschaft zu entziffern und ein Leben unerträglichen Schmerzes in einen Entwicklungsweg von majestätischer Offenbarung verwandeln. Unsere Seele ist so sensibel den Erfahrungen anderer gegenüber, dass sie ihre empathische Fähigkeit zur Einfühlung oft als persönliche Bewertung des anderen missversteht. Sobald unsere Seele jedoch voll entwickelt ist, zeigen die Fallstricke des Egos lediglich die Heilungskraft einer sich entwickelnden Seele.

Hierfür habe ich das perfekte Beispiel: Ich erinnere mich, wie ich vor vielen Jahren einmal in einem Lebensmittelgeschäft in der Schlange stand. Die Person vor mir besaß einen anderen ethnischen Hintergrund als ich. Während ich so hinter ihr stand, hörte ich in meinem Kopf plötzlich eine Stimme, die bestürzend respektlose Wörter und Sätze formulierte.

Einen Sekundenbruchteil lang dachte ich, mein Verstand wäre schlagartig rassistisch geworden!

Das beunruhigte mich, da ich als jemand aufgewachsen bin, der andere Kinder gegen Übergriffe verteidigte und sich immer für diejenigen einsetzte, die wegen ihres ethnischen Hintergrundes diskriminiert wurden. Schon damals verabscheute ich jegliche Art von Beleidigungen, egal, wie schnell die Kinder, die dann zur Rede gestellt wurden, behaupteten, nur Spaß gemacht zu haben.

Jedes Mal, wenn ein neuer Junge aus einem anderen Land an meine Schule kam, verwandelte ich mich in ein ein-Mann-Begrüßungskomitee. Ich wuchs zusammen mit vielen Freunden unterschiedlicher Rassen und Nationalitäten auf und liebte es, Kulturen kennen zu lernen, die so anders als meine eigene erschienen. Man kann sich also vorstellen, wie verwirrend es für mich war, derartige Worte in meinem Kopf zu hören, auch wenn ich mich nicht bewusst mit ihnen identifizierte. Während dies geschah, spürte ich plötzlich, wie Schichten von Diskriminierung sich aus meinem Energiefeld lösten. Die Person in dem Lebensmittelladen vor mir war vielleicht gar nicht bereit für irgendeine Art von Heilung und dies war möglicherweise genau der Grund, warum das Universum mich in ihre Nähe gestellt hatte. Während ich fühlte, wie sich eine Schicht nach der anderen in mir auflöste, konnte ich erleichtert erkennen, dass keiner dieser rassistischen Gedanken von mir selbst gedacht wurde. Stattdessen wurde ich mir der Einflüsse meiner Ahnenreihe gewahr, die sich jetzt aus meinem Energiefeld lösten.

Solange noch irgendeine Art von Verpuppung in unserem Energiefeld aktiv ist, zeigen sich unsere Gedanken und Gefühle oftmals als Urteile über uns selbst oder andere. Wenn sich der Kokon dann auflöst, erkennt das Licht der Seele seine wahre Kraft und Wirksamkeit als Heiler, Erwecker und Wirklichkeits-Veränderer. Auch wenn man sich einen solchen Heilungsschritt klassischerweise im Behandlungszimmer eines Therapeuten vorstellt, geschieht die Mehrzahl aller Heilungen ganz spontan in der Begegnung von Mensch zu Mensch.

Statt also jeden aufsteigenden Gedanken als unseren eigenen einzuordnen und zu verurteilen, sollten wir der Möglichkeit gegenüber offen sein, dass jede begrenzende Vorstellung, jeder negative Glaubenssatz oder Gedanke einen Teil des kollektiven Unbewussten darstellt und durch uns zum Wohlergehen aller geheilt werden darf.

Wenn wir noch dem Denken des alten spirituellen Zeitalters verhaftet sind, kann das Auftreten von solch negativem Denken sehr verwirrend sein – vor allem, wenn wir glauben, dass wir mit unseren Gedanken die Ereignisse unserer Wirklichkeit beeinflussen.

Erwäge einmal über die Möglichkeit nachzudenken, dass Gedanken die Wirklichkeit nicht erschaffen, da alle Aspekte der Wirklichkeit bereits existieren. Als wir auf die Welt gekommen sind, haben wir nicht gewartet, bis unsere Realität erschienen ist. Stattdessen wurden wir in eine bereits erschaffene Welt hineingeboren, die unsere Ankunft erwartete. Auch wenn wir aus einer Vielzahl von Optionen wählen können, entscheiden Gedanken nicht darüber, was geschieht oder nicht geschieht.

Das hat damit zu tun, dass Ereignisse, die sich später schicksalhaft entfalten, bereits vor der jeweiligen Inkarnation erschaffen wurden. Es ist jedoch wahr, dass Gedanken die Qualität unserer Erfahrungen beeinflussen können, und zwar sowohl aus der Perspektive des Egos als auch aus der der Seele. Allerdings sollten wir keine Bewertungen oder irgendeine Form des Aberglaubens auf Erfahrungen projizieren, die einfach nur die emotionalen Verunreinigungen darstellen, die wir kraft unserer Energiefelder aus unseren Mitmenschen lösen. Auch wenn wir das Gefühl haben, einen anderen Menschen zu bewerten, findet wahrscheinlich in diesem Moment eine viel tiefergehende Erfahrung statt. Im Grunde sind die Bewertungen, die wir in uns wahrnehmen, Beleidigungen, die Menschen auf andere projiziert oder sich selbst zugeschrieben haben. In unserer Funktion als Lichtarbeiter in menschlicher Form reinigen wir emotionale Überreste aus dem Energiefeld anderer Menschen einfach dadurch, dass wir in ihrer Nähe stehen. Auch wenn diese Bewertungen ein Gefühl des Widerwillens oder der Empörung gegenüber einer Person enthalten – es ist die Weisheit unserer Seele, die uns damit eine wichtige Botschaft schickt. Wir tendieren dazu, uns der Schwingung derjenigen Menschen anzugleichen, mit denen wir die meiste Zeit verbringen. Deshalb sind Gefühle wie Widerwillen eine Art innerer Führung, die uns darauf aufmerksam macht, dass wir gerade Zeit mit jemandem verbringen, dessen Energie uns eventuell auslaugt anstelle uns zu beflügeln.

Dies kann für eine sich gerade entfaltende, energetisch sensitive Seele sehr verwirrend sein, die sich ständig danach sehnt, andere in ihrem Heilungsprozess zu unterstützen und Außenseiter zu stärken. Aus Sicht des Universums geben uns die Menschen, denen wir zu helfen bestimmt sind, ein gutes und erhebendes Gefühl, anstatt uns energetisch auszulaugen. Wenn ursprünglich erbauliche Gefühle sich jedoch plötzlich in Erschöpfung verwandeln, gibt das Universum uns damit zu verstehen, dass wir nun genug Raum mit der betreffenden Person geteilt haben. Wir werden daran erinnert, dass es besser für uns wäre, uns jetzt auszuruhen und den stattgefundenen Austausch zu integrieren, anstelle zu versuchen, über diese energetische Grenze hinauszugehen.

So wie wir die Energiefelder anderer Menschen reinigen, reinigen uns auch die Kraftfelder der anderen. Ganz spontan finden auf diese Weise wunderbare Heilungen statt. Wenn wir jedoch der Egoperspektive verhaftet sind, tendiert die gelöste Energie im Kraftfeld des Heilers zu verbleiben.

Sobald wir damit beginnen, aus der Seelenperspektive zu leben, erkennen wir die in uns angelegten Heilfähigkeiten, die diejenigen Schichten emotionaler Verschlackung bereinigen, die zum Losgelassen-Werden bereit sind. Schon allein die Erkenntnis, dass derartige Heilungsprozesse stattfinden, kann dazu führen, dass wir uns weniger für unsere Gefühle verurteilen. Dies erlaubt den emotionalen Schlacken, die wir bei anderen reinigen, zur Quelle zurückzukehren, anstatt unsere eigenen Muster zu verstärken. Solange wir im Egozustand vor uns hindämmern, nehmen wir unbewusst die Energien der anderen auf. Sind wir jedoch fest in unserer Seele verankert, haben wir ein Empfinden dafür, wie unsere Energiefelder emotionale Schichten bei unseren Mitmenschen bereinigen.

Der Nutzen des Grübelns

Genau wie das Ego als Seele im tiefsten Verpuppungsschlaf wertgeschätzt werden kann, ist der Verstand kein Gegner, den es zu bekämpfen gilt. Im Gegenteil, er ist ein Verbündeter, den wir annehmen sollten. Auch wenn wir die Erfahrung eines überaktiven Verstandes vielleicht sehr ablenkend und frustrierend finden, gibt es doch immer einen tieferen Grund für das Grübeln. Egal, wie laut oder erbarmungslos der Verstand auch erscheint, auch er ist zu deiner Unterstützung da. Die Aktivität des Verstandes zeigt uns, wie offen oder verschlossen unser Herz zu sein neigt.

Je offener unser Herz ist, desto einfacher ist es für das Ego, sich aufzulösen. Wir können uns einen überaktiven Geist als Wecker vorstellen. Wann immer unser Herz sich verschließt, warnt uns unser Verstand, in dem er laut wird. Dies passiert, wenn wir von der Intensität der Energiefeld-Ausdehnung überwältigt sind oder hat mit der Menge an emotionalen Schlacken tu tun, die wir, ohne es zu merken, in anderen gelöst haben.

Haben wir einmal erkannt, dass ein lauter Verstand kein spirituelles Hindernis darstellt, das aufgelöst werden muss, sondern ein intelligentes Werkzeug für unsere persönliche Weiterentwicklung, können wir mit jedem Ausmaß überaktiven Denkens Frieden finden. Lassen wir dies zu, wird die Beziehung zu unserem Verstand respektvoller. Dies macht es dem Herzen möglich, auf natürliche Weise offen zu bleiben.

Es liegt eine gewisse Ironie in der Erkenntnis, dass wir mehr und mehr aus dem Herzen reagieren, sobald wir den tieferen Sinn eines lärmenden Verstandes wahrnehmen. Damit wiederum wird sein Weckruf unnötig. Sei es, dass wir gerade in der Opferrolle feststecken oder unbewusst die Last in den Energiefeldern anderer lindern: die Aktivität unseres Verstandes gibt uns darüber Auskunft, ob wir die Realität von einer bewussten oder unbewussten Warte her betrachten. Indem wir den tieferen Sinn eines überaktiven Verstandes erkennen, helfen wir uns selbst dabei, ihn von dieser Rolle in unserem Leben freizusprechen.

Auf diese Art verankern wir uns so stark in einem herzbasierten Bewusstsein, dass wir fähig werden, die Schwingung anderer Menschen anzuheben, anstatt unsere eigene Energie abzusenken, um die von ihnen empfundene große Not nachfühlen zu können.

Der tiefere Sinn der Traurigkeit

Traurigkeit zeigt uns präzise die Momente an, in denen sich das Ego auflöst. Auch wenn es dem Ego möglich ist, sich in einem tiefreichenden Moment der Transzendenz auf einen Schlag aufzulösen, kommt es doch viel häufiger vor, dass es sich Stück für Stück auflöst und wieder mit der Quelle vereinigt. Das Gefühl der Traurigkeit ist die Antwort des Egos darauf, dass das Leben ihm die lange Liste seiner unersättlichen Wünsche und Ansprüche nicht immer erfüllen kann. Bekommt das Ego seinen Willen nicht, schlägt es entweder ärgerlich um sich oder verschließt sich in Trauer. Da es nicht erkennen kann, dass jede Abwehr nur immer eine Reaktion auf seelische Erweiterung ist, bildet es sich steif und fest ein, seine Gefühle beruhten darauf, dass seine Bedürfnisse nicht erfüllt werden.

In Wirklichkeit spielt sich jedes Ereignis, das in uns Trauer hervorruft, genau so ab, dass mehr Raum für das Durchscheinen der Seele entsteht. Tatsächlich sind es nicht die Ereignisse an sich, die in uns bestimmte Gefühle hervorrufen. Stattdessen fühlen wir unsere Emotionen als direkte Reaktion auf die Erweiterung unserer Seele. Wir können es Gefühlen außerdem leichter erlauben, auf ihrem Rückweg zur Quelle einfach durch uns hindurchzufließen, sobald wir erkennen, dass die bei einer seelischen Erweiterung auftauchenden Emotionen in gleichem Maße den Mustern entsprechen, die wir auch aus den Energiefeldern anderer Menschen lösen.

Solange wir dem Ego verhaftet sind und glauben, dass unsere Erfahrungen der Grund für unsere Gefühle sind, hat uns die Traurigkeit auf unerträgliche Weise im Griff. Es ist jedoch so, dass auf dem Weg vom Ego zur Seele Situationen nur dafür erschaffen werden, um uns auf die Gefühle aufmerksam zu machen, die gerade aus unserem Energiefeld und dem unserer Mitmenschen gelöst werden. Das Gefühl der Traurigkeit erhält dadurch eine vorübergehende Natur. Sind wir einmal an diesem Punkt angelangt, signalisieren unsere Emotionen entscheidende Meilensteine seelischer Erweiterung, anstatt unseren Glauben, Opfer zu sein, aufrecht zu erhalten.

Traurigkeit wird normalerweise nur dann zu einem wiederkehrenden Teil unserer Erfahrungen oder erlangt eine dauerhafte Präsenz in unserem Leben, wenn wir sie als ein *Hindernis* betrachten, das es zu überwinden gilt. Das Ego könnte sich niemals der Ansicht anschließen, dass die Traurigkeit für unsere Entwicklung hilfreich ist, ganz einfach, weil es dies von seiner Entflechtung abhalten würde. Während das Ego sich seiner wahren Bestimmung – sich in der Quelle aufzulösen – nicht bewusst ist, kann das Erreichen dieses Ziels aber auch durch keine seiner Anstrengungen oder Verhandlungsversuche verhindert werden. So gut es vermag wird das Ego vielleicht versuchen, sich sehr für seine Weiterentwicklung engagieren. Wahres Wachstum kann jedoch nur über seine Auflösung erkannt werden.

Das Ego kann diesen Prozess nicht unterstützen, kann ihn aber auch nicht verhindern. Aus genau diesem Grund bietet eine spirituelle Entwicklung innerhalb des neuen Paradigmas den liebevollsten Weg, um sich vom Ego zur Seele hin zu bewegen. Zwar kann es auf einer gewissen Ebene deprimierend sein, unser oberstes Entwicklungsziel aus der Sicht eines auflösenden Egos zu erfahren. Gleichzeitig kann es sich aber durchaus erhebend und freudvoll anfühlen, unseren Weg aus dem Gefühl der Verwurzelung in der Reinheit unserer Seele zu erforschen.

Sobald wir in der Klarheit unserer Seele gut verankert sind, stellt Traurigkeit keinen Mangel an Glück mehr da. Tatsächlich ist Traurigkeit dann nur noch eine Reaktion des Herzens auf persönlichen Verlust, während es gleichzeitig Abhängigkeitsmuster zu Gunsten aller loslässt. Immer wenn ein Gefühl von Traurigkeit auftritt, macht der Körper eine emotionale Reinigung durch. Er entlässt alles, was für den bevorstehenden Entwicklungsschritt nicht mehr benötigt wird und schafft Raum, um das willkommen zu heißen, worauf wir seit Beginn unseres Lebensweges kontinuierlich vorbereitet wurden – wahres Glück.

Um uns auf unserem Entwicklungsweg inspirierter und nicht deprimierter zu fühlen, sollten wir unsere Erfahrungen respektieren, anerkennen und willkommen heißen, egal wie traurig sie uns auch gerade erscheinen mögen.

Die positive Seite der Enttäuschung

Wenn wir das Leben aus Sicht des Egos sehen, ist die Enttäuschung der Tod der Erwartung und wir haben kein Bewusstsein für den daraus entstehenden Nutzen für unsere Entwicklung. Aus Sicht der Seele wiederum ist es die Aufgabe der Enttäuschung, unser Bewusstsein vom Traum der Erwartung zu befreien, so dass wir für die unbegrenzten Möglichkeiten des Lebens, die das Schicksal für uns bereithält, offen bleiben können.

Oftmals glaubt das Ego, dass es sich um das bestmögliche Szenario handelt, wenn es genau das bekommt, was es haben will. Aus dieser Sicht werden Anhaftungen an erwünschte Ergebnisse geschaffen und das Leben hat nur noch eine Möglichkeit uns glücklich zu machen: die Aussicht auf lang anhaltende Freuden. Sobald wir uns jedoch vom Ego zur Seele hinbewegen, werden wir offen für die *unendlichen* Möglichkeiten, durch die wir wahres Glück erfahren können – ohne den Zwang, immer unseren Willen bekommen zu müssen, um unser Leben gerecht finden zu können.

Wann immer wir eine Enttäuschung erleben, erweitert das Sterben unserer Erwartungen unser Bewusstsein über die Begrenzung von selbstzerstörerischen Glaubenssätzen und Ergebnisorientiertheit hinaus. Sobald unser Ego enttäuscht wird, fühlen wir den Stich der persönlichen Niederlage, während unvermeidliche Wellen von Traurigkeit gleichzeitig signalisieren, dass tiefere Schichten unseres Egos gerade losgelassen werden – in uns, wie auch in anderen Menschen. Aus genau diesem Grund kann das Ego nie die Ziele erreichen, die es sich für eine spirituelle Entwicklung setzt. Würde es alle bedeutenden Entwicklungsschritte erzielen, würde es ja seinen Willen durchsetzen.

Das Sichtbarwerden der Seele erfolgt im Verlauf der Auflösung des Egos. Die unaufhörliche Tendenz des Egos, seine Wünsche nicht erfüllt zu bekommen, erklärt in diesem Prozess somit die unterstützende Rolle der Enttäuschung.

Natürlich müssen wir das Gefühl nicht mögen, das wir empfinden, sobald sich Enttäuschung einstellt und ganz sicher erhoffen wir es uns auch nicht für die Zukunft. Allerdings kann das oft völlig unerwartet eintretende Sterben einer Erwartung in unserem Leben wichtig sein, um ein Übermaß an Ablenkungen aus dem Weg zu räumen – anstatt den Aspekt unseres Selbst zu nähren, der immer hungriger nach mehr ist. Es bleibt die Frage: Sind wir bereit, von Herzen anzunehmen, dass auch die Enttäuschung hier ist, um uns zu helfen oder wollen wir den inneren Krieg weiterführen und damit unsere höchsten göttlichen Gaben zurückhalten, bis das Leben alle unsere Erwartungen erfüllt?

Die prophetische Kraft der Eifersucht

Eine der polarisierendsten und isolierendsten Emotionen ist die Eifersucht. Aus Sicht des Egos ist Eifersucht ein zorniges Ungerechtigkeitsgefühl, das wir empfinden, wenn wir unsere eigenen größten Wünsche im Leben anderer Menschen sehen müssen. Tatsächlich jedoch ist Eifersucht wie eine Ankündigung all der Wohltaten, für deren Erhalt wir bestimmt sind. In den meisten Fällen jedoch sind diese Anzeichen auf bevorstehende Wohltaten eher allgemein zu verstehen.

Aus Sicht des Universums stellt die physische Realität emotionale Zustände als fassbare Materie dar. Im Grunde begehren wir nur deshalb die Erfüllung unserer Wünsche, weil wir sie mit der Vorstellung davon verknüpfen, wie wir uns fühlen würden, wenn wir diese Dinge bekämen. Dies bedeutet, dass das Objekt der Begierde nicht das Objekt ist, das wir tatsächlich begehren. Was wir uns stattdessen und über alle Anhaftungen an bestimmte Ergebnisse hinaus wünschen, ist die Erfahrung des ganzen positiven Emotions-Spektrums, was unsere vollständige Übereinstimmung mit der göttlichen Quelle bedeutet.

Natürlich ist es möglich, dass die Beförderung eines Kollegen, eine ganz frische Liebesbeziehung oder eine wirklich großartige Entwicklungsmöglichkeit für einen Menschen uns als Zeichen dient, welche Geschenke gerade vom Universum zu uns selbst unterwegs sind. Noch wahrscheinlicher ist aber, dass uns hier gezeigt wird, welche Gefühle wir selbst gerne erleben möchten. Da die besten Gefühle nicht von irgendwelchen Erfolgen oder Umständen abhängig sind, sind gehäufte Wohltaten im Leben anderer für uns ein Zeichen, dass wir bereit sind, uns mehr so zu fühlen, wie wir uns wirklich fühlen wollen. Dies entsteht durch die Ausdehnung unserer Seele.

Da das Ego von den Objekten, die es besitzen möchte, vollkommen gebannt ist, existiert es nur als eine konditionierte Sichtweise eines schlafenden Bewusstseins, das jedem Verlangen nachjagen muss, ohne jemals echte Erfüllung zu finden – egal wie viele Wohltaten es auch erhält. Dies zeigt uns, dass Unzufriedenheit der natürliche Zustand des Egos ist. Solange wir in einer Art von Inkubationsschlaf gefangen sind, wird Unzufriedenheit uns immer wieder einholen, egal wie positiv sich unsere Lebensumstände auch entwickeln. Trotzdem und das ist die Ironie der Sache, dient jeder Moment, den wir im Zustand der Unzufriedenheit verbracht haben, dazu, Energie für eine noch größere Erweiterung aufzubauen.

Da alles hier ist, um dich zu unterstützen, kannst du die Missgunst als eine Botschaft des Universums betrachten, die dich auf all den Segen aufmerksam macht, der bereits auf dem Weg in deine Wirklichkeit ist. Vielleicht nimmt er die Form der Dinge und Wohltaten an, die im Leben anderer erschienen sind, vielleicht auch nicht. Auf jeden Fall versichert dir der Neid immer größeres Wohlbefinden, je mehr du dich in die Verzückung deiner höchsten Entwicklung hineinbegibst.

Obwohl sich viele Menschen für ihren Neid verurteilen, zeigt die Art und Weise, wie wir auf dieses Gefühl reagieren, einfach nur unsere Bewusstseinsebene. Hat das Ego eine spirituelle Identität angenommen, wird es darauf bestehen, über diese Art von niedrig schwingenden Gefühlen erhaben zu sein. Eine voll entwickelte Seele erlebt Emotionen wie die Missgunst nur noch selten. Die Wahrheit herzbasierten Bewusstseins jedoch ist so vollständig auf die tiefempfundene Verehrung des Lebens ausgerichtet, dass kein Gefühl gleichwelcher Art verleugnet, verurteilt oder bevorzugt wird.

Wie jede andere Erfahrung auch, ist die Missgunst nur hier, um dich zu unterstützen – ob du den Neid fühlst, den du in anderen auflöst, dich in Unzufriedenheit ergehst, während du auf deine nächste Erweiterung vorbereitet wirst, oder bereits die Hinweise erkennst, dass größerer Segen unterwegs zu dir ist.

Ein unerwarteter Befreier

Groll ist ein Überbleibsel von Schuldzuweisungen. Es handelt sich um unsere unbewusste Neigung, Menschen in unserem Leben für die Erweiterungen zu verurteilen und anzuklagen, die sie durch ihre Handlungen unvermeidlich in uns hervorrufen. Auch wenn es sich tatsächlich um schwierige Personen handeln sollte, stellt Groll immer eine unterschwellige Form der Eifersucht gegenüber denjenigen dar, die mehr Willensfreiheit leben, als wir es uns selbst erlauben. Vielleicht nutzen diese Menschen ihren freien Willen nicht in einer wirklich bewussten, produktiven oder mitfühlenden Art oder demonstrieren ihre Freiheit gar durch missbräuchliche Neigungen. Wenn wir Groll als ein Signal dafür erkennen, wie oft wir uns zurücknehmen und unser größtes Potenzial nicht zum Ausdruck bringen, dann kann jeder Moment der Schuldzuweisung als evolutionärer Gewinn gesehen werden.

Energetisch sensible Menschen sind auf ganz natürliche Weise herzbasiert und zeigen ihren freien Willen anders als diejenigen, die noch stark im Egozustand sind. Aus diesem Grund fühlen wir uns so leicht von den Handlungen derer, denen es nur um sich selbst geht, verletzt, verärgert, zutiefst getroffen oder enttäuscht.

Egal, wie oft wir das gedankenlose Verhalten anderer in unser Leben zu ziehen scheinen, diese Menschen wurden aus zwei bestimmten Gründen auf unseren Weg platziert. Der erste Grund ist, dass die uns innewohnende Heilkraft unseres Energiefeldes anderen hilft, ihre Last zu erleichtern. Dies findet statt, indem wir die sich aus der Begegnung ergebenden Gefühle fühlen. Dem Ego mag die Vorstellung nicht gefallen, Erfahrungen in der Opferrolle anzuziehen, um die Schwingung unseres Gegenübers anzuheben. Je mehr wir uns allerdings vom Ego zur Seele entwickeln, desto leichter wird es, andere zu heilen, ohne uns mit ihnen energetisch zu verfangen.

Der zweite Grund, aus dem wir vielleicht die Grausamkeit anderer auf uns lenken, liegt darin, dass wir alle begrenzenden Glaubenssätze in uns herausfordern und schließlich auflösen, die uns davon abhalten, das göttliche Licht in allen zu sehen. So wie auch Samen sich zersetzen müssen, um das Blühen einer Pflanze zu ermöglichen, müssen auch die Menschen in unserem Umfeld die göttliche Quelle auf verschiedenen Wachstums- und Reifeebenen zum Ausdruck bringen.

Gleichzeitig ist es ein fast schon instinktiver Reflex unseres Egos, die ewige Wahrheit in anderen Menschen zu übersehen, sobald sie sich unfähig zeigen, die höchsten Qualitäten ihrer Seele erkennbar auszudrücken.

Für das Ego ist Groll das Überbleibsel dessen, was vom Beschuldigen anderer für die Zustände, die wir wahrnehmen, übrig bleibt. Für die Seele wiederum ist Groll ein unerwarteter Erlöser, der mehr Raum für unser wachsendes Mitgefühl zur Verfügung stellt. Mitgefühl ist die uns innewohnende Fähigkeit, jede Gegebenheit wahrzunehmen, ehrlich zu unserer

Erfahrung zu stehen und wenn nötig, schnell und mutig zu handeln – während wir dabei allen Beteiligten vergeben.

Der Ton des Konflikts

Viele Menschen entwickeln nicht allein wegen ihrer Schmerzhaftigkeit eine Aversion gegen unangenehme Gefühle, sondern weil sie nicht genau wissen, wie sie solche Gefühle bewusst erleben können. Da veraltete Lehren oftmals einen abergläubischen Blick auf niedrig schwingende Emotionen werfen, erfahren viele Menschen spirituelle Versagensgefühle, sobald sie die menschliche Seite ihres göttlichen Wesens zeigen.

Hat ein Suchender seine Verhaltensmuster in ein spirituelles Ego verwandelt, kann er ein tiefsitzendes Schuld- oder Schamgefühl darüber entwickeln, wenn er sich frustriert oder nicht im Flow fühlt oder sich durch das unbewusste Verhalten anderer reizen lässt.

Um jeden Aspekt des Egos entwirren zu können, ohne dabei eine nach noch mehr spirituellen Auszeichnungen strebende spirituelle Persönlichkeit zu entwickeln, ist es unerlässlich zu lernen, wie man die Realität auf die herzzentrierteste Weise erlebt.

Je bewusster wir die Umstände und Bedingungen von Konflikten erleben, desto mehr können wir davon spirituell profitieren. Das bedeutet nicht, dass wir so tun müssten, als liebten wir schmerzhafte Erfahrungen. Es geht nur darum, den Unterschied zwischen einer aus der Egoperspektive erfolgenden Reaktion und einer aus der Seelenperspektive stammenden Antwort zu verstehen.

Der Unterschied zwischen der Art, in der unser Ego reagiert und der Weise, wie unsere Seele antwortet, ist oftmals nur eine Frage dessen, wie etwas gesagt wird. Die Tatsache, dass unsere innere und unsere äußere Welt als zwei verschiedene Wirklichkeiten erscheinen, dient dabei unserer Entwicklung. Wenn wir Gedanken oder Gefühle bewusst wahrnehmen – egal, ob aus der Sicht des Egos oder der Perspektive der Seele –, bedeutet dies jedes Mal eine mitfühlende Schwingungsanhebung des kollektiven Unterbewusstseins.

Als physische Ausdrucksform der Quelle haben wir uns auf der Erde zum anschaulichen Studium unserer engelshaften Natur inkarniert. Wie auch immer wir uns verhalten, jeder von uns verkörpert die Einzigartigkeit unseres Lichts im Prozess der seelischen Entfaltung. Wir lernen außerdem die tiefreichenden Heilfähigkeiten unserer Seele kennen, die die Entwicklung aller Menschen fördern, denen wir begegnen.

Je nachdem, ob wir die aus dem Energiefeld anderer gelösten emotionalen Schlacken aus unserem Feld gehen lassen können oder diese lediglich zu unseren bereits existierenden Mustern hinzufügen: unsere eigene Lautstärke gibt uns oft Auskunft über die Schwingung unserer Erfahrung.

Solange wir den Schlaf des Egos schlafen, rufen unsere unangenehmen inneren Erfahrungen Lärm im Außen hervor. Wenn jemand auf unbewusster Ebene Ärger in seinem Energiefeld verarbeitet, hört er sich eher aggressiv an oder spricht laut. Das Ego kann einfach nicht still sein, solange irgendeine Form der emotionalen Heilung stattfindet.

Ob es als passiv-aggressives Selbstgespräch über die Ungerechtigkeit einer Situation beginnt oder es in einer lautstarken Auseinandersetzung zwischen zwei Gesprächspartnern eskaliert: der nach außen hin hörbare Lärm ist oft ein Anzeichen unbewusster Erfahrung. Je weniger bewusst diese Erfahrung für uns abläuft, desto wahrscheinlicher ist es, dass wir die aus dem Energiefeld der anderen geklärten Energien in uns aufnehmen, statt jeder Emotion zu erlauben, durch uns hindurchzufließen und sich wieder mit der Quelle zu verbinden. Natürlich gibt es Zeiten, in denen wir unsere Erfahrungen in

Worte kleiden und mit Menschen in unserem Leben teilen müssen, um die gelösten Energien verarbeiten und wieder loszulassen zu können. Die Frage ist nur, ob wir uns aus einem offenen Raum friedlicher Authentizität mitteilen oder unsere Gefühle auf Menschen projizieren und darauf beharren, dass sie unsere Bedürfnisse erfüllen.

Viele Menschen mit spirituellen Egos legen ›die Wahrheit sagen‹ als offene Einladung zur Beschuldigung und Verurteilung eines Mitmenschens aus, wenn dieser auf eine Weise handelt, die ihre stärksten selbstbegrenzenden Glaubenssätze bestätigt. Die Seele jedoch ist in der Lage, ihre Gefühle ohne Geschrei oder Schuldzuweisungen mitzuteilen. Aus Sicht des Egos wird solange keine Heilung stattfinden, bis diejenigen, mit denen wir in Beziehung stehen, unsere Sicht der Dinge teilen. Aus diesem Grund können Streitigkeiten auch nur unter dem Einfluss des Egos stattfinden, da das konditionierte Selbst sich lediglich durch das lautstarke Austragen von Konflikten mittteilen kann.

Das bedeutet übrigens nicht, dass Ausbrüche von Lachen Zeichen eines vom Ego geleiteten Bewusstseins sein müssen. Es hängt vom Ton ab. Ist er gehässig oder sarkastisch, können wir daran erkennen, wie Worte und Handlungen Unbewusstheit in Aktion darstellen.

Die Kraft des Atems

Anstatt zu versuchen, unsere Erfahrungen als einen fortlaufenden Prozess zu respektieren, anzuerkennen und anzunehmen – was wäre, wenn es einen Weg gäbe, alle Qualitäten unserer wahren Natur auf einmal zu leben? Dies wird möglich, sobald wir eines der wirksamsten Werkzeuge der Seele zu unserer Transformation einsetzen. Es ist die Kraft des *Atems*.

Wenn wir uns dafür entscheiden, durch eine Situation hindurch zu atmen anstatt uns damit herumzustreiten, respektieren, akzeptieren und begrüßen wir den evolutionären Segen in einer Begegnung in einem einzigen Moment. Da Streit ein äußerlicher Ausdruck eines zu flachen Atems ist, erlauben wir unserer Seele sich auszudehnen, sobald wir bereit sind, unserem inneren emotionalen Chaos mit der Kraft des bewussten Atems zu begegnen.

Sobald wir fähig sind, zu fühlen statt zu beschuldigen, und zu atmen statt zu streiten, leben wir unser volles himmlisches Potenzial als uns entwickelnde spirituelle Meister. Ob jemand mit seinem Handeln unseren Respekt, unsere Anerkennung und unseren herzlichen Empfang verdient oder nicht: das helle Licht der Seele ist immer bereit, bewusster zu reagieren als jede Rolle, die ein Mensch in unserer Umgebung spielt.

Bis diese Verlagerung zur Seelenebene wirklich möglich ist, werden die dafür unvermeidlichen Veränderungsprozesse Höhen und Tiefen in unserer Realität hervorrufen und den inneren Krieg des Egos weiter anheizen. Diese schmerzliche Odyssee wird erst dann enden, wenn wir erkennen, dass alles, was wir bisher als feindlich wahrgenommen haben, in Wirklichkeit maskierte spirituelle Verbündete sind, die zu unserem Wachstum da sind. Dabei sollten wir diese Erkenntnis nicht etwa blind glauben, sondern sie als eine erweiterte Sicht der Realität verstehen, die wir in unsere Essenz hineinatmen müssen um die großartige Wahrheit, die unsere Seele längst kennt, zu enthüllen.

Um die Erkenntnisse dieses Kapitels besser verkörpern zu können, bedenke bitte die Weisheit der folgenden Aussagen oder wiederhole sie laut:

Ich akzeptiere, dass alle meine Erlebnisse dazu dienen mich zu unterstützen. Ob es sich um Muster emotionaler Schlacken, die aus meinem Energiefeld gelöst werden oder um unbewusste Schichten handelt, die angenommen und durch andere geheilt werden können: Ich ehre jeden Gedanken und jedes Gefühl für das in ihm steckende Geschenk höchstmöglicher Entwicklung. Von Herzen nehme ich das wahre Wesen von Widrigkeiten an, weil es mir dabei einen geeigneten Schmelzpunkt zu erreichen hilft, um meine eigene Starrheit in das Licht meiner wahren Natur zu verwandeln. Ich wertschätze das Geschenk des Verlustes, da es Raum für größere Geschenke in meiner Realität schafft. Ich akzeptiere die tiefere Bedeutung von Angst als ein Signal des Universums für bevorstehende Wachstumsmomente.

Ich respektiere die Weisheit der Wut, die mir zeigt, wann jemand zu sehr von seinen inneren Heilungsprozessen überwältigt ist, um auf herzbasierte Weise zu kommunizieren. Ich akzeptiere Bewertungen in ihrer unterstützenden Funktion, mich auf begrenzende Glaubenssätze aufmerksam zu machen, die ich sowohl aus meinem eigenen als auch aus dem Energiefeld anderer löse. Ich nehme die Unterstützung des Grübelns als eine Art Weckruf an, der mir anzeigt, wie offen oder verschlossen mein Herz gerade ist.

Ich begreife die tiefere Bedeutung von Traurigkeit, die genau in den Momenten in mir aufsteigt, in denen das Ego sich auflöst. Ich akzeptiere, dass es eine positive Seite der Enttäuschung gibt, da das Ego in den Situationen, in denen es seinen Willen nicht bekommt, noch mehr Erlaubnis dazu erhält, sich aufzulösen.

Ich erkenne die prophetische Kraft der Eifersucht als eine Ankündigung größeren Segens, der auf dem Weg zu mir ist – egal, ob ich die gleichen Geschenke wie die anderen erhalte oder nicht. Ich akzeptiere Groll als einen unerwarteten Erlöser, der mir die Bereiche meines Lebens zeigt, in denen ich noch davor zurückscheue, das volle Potenzial meines freien Willens zu leben.

Anstatt mich im Lärm des Konflikts zu verirren, bin ich mit Hilfe der Kraft meines Atems fähig, jeden spirituellen Verbündeten für sein Entwicklungsgeschenk an mich zu respektieren, zu ehren und von Herzen willkommen zu heißen. Indem ich so handele, diene ich meiner Lebensaufgabe als Engel in menschlicher Form. Ich bin inkarniert, um die Schwingung anderer zu erhöhen, ohne mein eigenes Licht abzuschwächen oder mich der Schwingung um mich herum anpassen zu müssen. Und so bin ich frei.

Sobald jeder spirituelle Verbündete für sein jeweiliges Entwicklungsgeschenk angenommen wird, erlauben wir einem aus tiefster Quelle stammenden inneren Frieden, uns in noch größere Harmonie mit dem Mysterium des Lebens zu bringen. Wir müssen dann nicht mehr wissen, in welche Richtung genau sich unser Leben bewegt, um zu der Person zu werden, als die wir schon immer gedacht waren.

KAPITEL 4

Die männliche und weibliche Kraft ins Gleichgewicht bringen

Je mehr wir in Einklang mit unserem Atem kommen, um die Aspekte unseres inneren Krieges in die Eigenschaften unserer wahren Natur, der Wirklichkeit der Seele, zu verwandeln, desto mehr harmonisieren sich auch die scheinbar gegensätzlichsten Kräfte in unserem Leben.

So wie jedes Geschöpf durch das aufeinander Bezogensein in Beziehungen ein Gefühl der Übereinstimmung aufrechterhält, gibt es in jedem menschlichen Wesen sowohl männliche als auch weibliche Kräfte, die ausbalanciert werden müssen.

Auch wenn wir als Persönlichkeiten mit einem spezifischen Geschlecht ausgestattet wurden, stellen beide – die männliche und weibliche Energie – die zwei Seiten der gesamten menschlichen Erfahrung dar. Um das notwendige Gleichgewicht zwischen diesen beiden Kräften entdecken zu können, ist es wichtig, männliche und weibliche Energien auf einer tieferen Ebene zu erforschen.

Das Männliche annehmen

Die männliche Energie repräsentiert Entschlossenheit, Tatkraft und den Fokus der göttlichen Quelle. Wird sie von der weiblichen Energie ausgeglichen, drückt sie sich oft in der

Rolle des Liebhabers, Kriegers oder Ernährers aus. Findet sie jedoch kein Gleichgewicht, wird der Liebhaber zum Lügner, der Krieger zum Grübler und der Versorger zum Raubtier. Ohne weibliches Gegenstück konzentriert sich das zu starke männliche Ego mehr auf das Erobern als auf das Verbundensein und lässt sich eher von drohenden Verlusten zum Handeln antreiben, als Gelegenheiten zu nutzen, verletzlich, offen, loyal und innig zu sein.

Die männliche Energie kann eine nährende Qualität haben, wenn sie sich als verlässlicher Versorger ausdrückt. Ist sie jedoch nicht im Gleichgewicht, verhindert ihre Unfähigkeit zu empfangen die Erfüllung des Männlichen und macht es ihren Partnern, Freunden und Verwandten unmöglich, sich mit ihrem Herzen zu verbinden.

Auf der Handlungsebene repräsentiert das Männliche den Fokus auf die Zielerreichung. Hier wird es oft von der Perspektive des ›Was‹ angetrieben. Was möchte ich mit meiner Tatkraft erreichen? Was kann ich für dich tun? Was kannst du für mich tun? Was ist meine Aufgabe?

Fokus, Tatkraft und Entschlossenheit sind unverzichtbare Qualitäten in dem Prozess, die Seele in physischer Form zu manifestieren. Wenn sie jedoch durch unsere menschliche Konditionierung oder den Druck der Gesellschaft aus dem Gleichgewicht gebracht werden, kann dies dazu führen, dass sich männliche Kraft eher aggressiv als bewusst äußert. In diesem Fall verwandelt sich Objektivität in Verdinglichung und Leidenschaft in Wut, während Tatkraft in Depression abrutschen kann.

Sobald das Männliche sich in seinem Vorgehen zu mäßigen lernt, kann jedes angestrebte Ziel zu tieferen Zwecken als nur auf Eroberung, Ergebnis oder Leistung hin erforscht werden. In einem spirituellen Entwicklungsprozess steht das Männliche für das Suchen, Verfolgen und Auslegen der unendlichen Weisheit des Lebens. Allerdings kann es diese Weisheit nicht ohne die ausgleichende Kraft des Weiblichen verarbeiten, aufnehmen und integrieren.

Hat das Männliche mit seiner inneren weiblichen Gegenkraft zu einem Gleichgewicht gefunden, lernt es zu versorgen ohne schützen zu müssen, bewusst anstatt blind zu reagieren und kann gleichzeitig nähren statt zu vernachlässigen. Aus dieser Perspektive größerer energetischer Harmonie ist es dem Männlichen möglich, sich dem Risiko des Empfangens hinzugeben und seine unerschöpfliche Quelle der Liebe für die ihm wichtigen Menschen fühlbar zu machen.

Daher beinhaltet der Entwicklungsweg des Männlichen sowohl geben als auch empfangen zu lernen, und zwar mit Würde, Bescheidenheit und von Herzen kommender Aufrichtigkeit. Wenn hier keine Bewusstheit vorhanden ist, hat dieses Thema die Funktion, das Männliche zu erwecken, indem es mit der Zeit lernt, dass die nach außen projizierte Negativität nur noch größere innere Konflikte hervorruft. Sobald das Männliche zur Bedeutsamkeit der göttlichen weiblichen Energie erwacht ist, verändern sich alle selbstbezogenen Tendenzen und besserwisserischen Verteidigungsmechanismen hin zu einem tieferen Interesse am Wohlbefinden anderer.

In diesem Prozess verwandelt sich der ewige Verfechter der Wahrheit, den das Männliche so gerne verkörpert, in einen hingebungsvollen Diener der Liebe. Wie viel Zeit diese Transformation benötigt, hängt oft davon ab, wie misstrauisch das Männliche noch ist und darauf besteht, unbewusst genau die weibliche Energie schützen zu wollen, die es sich nicht aufzunehmen und zutiefst zu akzeptieren traut.

Das Weibliche ehren

Das Weibliche repräsentiert die Empfänglichkeit, Kreativität und nährende Ausdehnung der göttlichen Quelle. Befindet diese sich mit der männlichen Energie im Gleichgewicht, drückt sich weibliche Energie oft als Intuition, Elternschaft und künstlerische Inspiration aus. Ist das Weibliche mit dem Männlichen im Ungleichgewicht, wird die Intuition von Opfergefühlen überflutet, die Elternschaft von Märtyrertum überschattet und zieht sich die Muse hinter eine Mauer aus Groll zurück.

Fehlt die männliche Energie, strömt das Weibliche über vor wunderbaren Ideen, hat aber keinen Fokus, keinen Ehrgeiz und keine Ausrichtung, um jede dieser Inspirationen vom Entwurf bis zum fertigen Werk zu vollenden. Obwohl das unausgeglichene Weibliche viel Liebe zu geben hat, führt seine Abhängigkeit von äußerer Bestätigung dazu, dass diese nährende und ausgedehnte Energie nicht ausreichend geerdet ist oder sich von einer chaotischen Partnerschaft zur nächsten bewegt.

Auch wenn das Weibliche die nötige Empfänglichkeit ausstrahlt, um dauerhafte innige Beziehungen zu erschaffen, ist es doch nicht selten, dass diese Energie im Falle eines Ungleichgewichts sich dem Gegenüber vollständig überlässt und ihre eigene innere Balance einbüßt. Daher darf die weibliche Energie auf ihrem Entwicklungsweg lernen, in ihrem Geben furchtlos und vertrauensvoll zu bleiben, ohne dabei die eigenen Bedürfnisse zu verleugnen oder sich in der Gegenwart anderer zu verlieren.

Aus energetischer Perspektive betrachtet, gleicht das Weibliche die zielorientierte männliche Energie aus und mäßigt deren Streben oder Anstrengung. Während das Männliche darauf aus ist, das ›Was‹ seiner Aktivitäten bzw. den Zweck für sein Ziel zu definieren, kommt durch das Weibliche die Energie des ›Wie‹ dazu. Wie werde ich mich meinem Ziel annähern? Wie oft werde ich dabei meiner inneren Führung folgen? Wie werde ich auf andere Menschen in meiner Umgebung reagieren? Wie kann ich jedes Ziel oder Vorhaben möglichst umsichtig erreichen?

Auch wenn Empfänglichkeit, Kreativität und nährende Ausdehnung essentielle Qualitäten sind, um wahre Einheit zu ergründen, zeigt sich unausgeglichene weibliche Energie nach außen oft als Manipulation anstelle von Umsicht. In diesem Fall wird Tiefgang durch Oberflächlichkeit ersetzt, Versöhnlichkeit wandelt sich in Rachsucht und Offenheit schrumpft zu Apathie.

Sobald das Weibliche lernt, seine nährende, ausdehnende Energie zu erden, macht es das Männliche weicher. Dieses wird dadurch fähig, eine tiefe Innigkeit offen zu empfangen, die sowohl die Unschuld ehrt als auch berauschend für unsere Sinne ist. In einem spirituellen Entwicklungsprozess dient das Weibliche so als intuitiver Leiter, energetischer Katalysator und emotionaler Empfänger der göttlichen Energie. Trotzdem tendiert das Weibliche ohne den Ausgleich durch das innere Männliche dazu, sich in eine höhere Übereinstimmung mit dem Universum hinein auszudehnen, ohne dass wir unsere Energien in der fassbaren physischen Welt verankern können. Aus dieser Perspektive ist das Weibliche zwar in der Lage, sich verschiedene Lösungen vorzustellen, besitzt aber nicht die notwendige Erdung, um gemäß dieser fruchtbaren Weisheit zu handeln und sie in eine Form zu bringen.

Befindet sich die weibliche Energie mit der inneren männlichen im Gleichgewicht, lernt sie, gleichzeitig die wahre Freude der Innigkeit und den höchsten Respekt für sich selbst zu erleben. Sie wird fähig, ihre Intuition über den reinen Impuls zu stellen und ihre nährende, ausdehnende Kraft mit selbstbewusster Anmut auszudrücken. Aus dieser Position energetischen Gleichgewichts bringt das Weibliche das nötige Vertrauen auf, all ihre Kraft in möglichst bewusster und herzbasierter Form einzubringen.

In diesem Moment verwandelt sich die verletzte Heilerin, die das unterdrückte Weibliche über viele Existenzen hinweg verkörpert hat, in einen heiligen Ausdruck gelebter Alchemie.

Auf welche Art und Weise das Weibliche von der Opferrolle in die Siegerrolle wechseln kann, hängt davon ab, wie vollständig es sich der Quelle hingeben und den Höhen und Tiefen seiner spirituellen Entfaltung vertrauen kann – egal, wie schmerzhaft der Gedanke an die Vergangenheit ist oder wie turbulent der vor ihm liegende Weg erscheint.

Den Krieg der Polaritäten beenden

Ob wir an die Hexenprozesse von Salem denken, den Holocaust, die Hinrichtung von Künstlern und Autoren, die sich gegen korrupte Regierungen ausgesprochen haben, die Sklaverei, die Kreuzfahrten oder den Terror des 09. Septembers – es gibt unzählige Momente in der Geschichte, in denen die innere Aufteilung in Polaritäten das Männliche dazu brachte, zu unterdrücken, zu dominieren und die Kraft der göttlichen Weiblichkeit zum Objekt zu degradieren. Es ist wichtig, sich bewusst zu machen, dass diese Art von Verfolgungen nicht auf Menschen weiblichen Geschlechts beschränkt waren, sondern alle mit einbezogen, die die Qualitäten der inneren weiblichen Essenz verkörperten und verbreiteten.

Genauer gesagt, kann die Geschichte der Aggression gegen die weibliche Energie als ein Verfolgungsakt gegen die *Unschuld* der Menschheit verstanden werden. Der Grund, warum die Menschheit zum Objekt eines so unbarmherzigen Missbrauchs geworden ist, kommt daher, dass sich die Erkenntnis der gegenseitigen Verbundenheit in uns Menschen seit Anbeginn der Zeit nur langsam, aber dennoch stetig entwickelt hat. Da die Wirklichkeit in einem interdimensionalen Hyperraum erschaffen wurde, in dem der freie Wille regiert, hat die Entwicklung des Bewusstseins einige recht brutale Präzedenzfälle hervorgebracht und überlebt. Dies diente als Möglichkeit, sowohl das individuelle als auch das kollektive Bewusstsein zu einer Wirklichkeit hin zu entwickeln, die harmonischer und herzbasierter ist. Nach Generationen von Korruption, von Blutvergießen und von auf das göttliche Weibliche projizierten Unwahrheiten sind wir nun an einem Wendepunkt in der Geschichte angekommen, wo das Weibliche zu seiner gleichberechtigten Kraft zurückkehrt, um das Männliche zu mäßigen.

Sei es, dass in unsere Energiefelder Erinnerungen an männliche Unterdrückung des Weiblichen oder an weibliche Zurückweisung des Männlichen verschlüsselt sind: wir sind an einem wichtigen Scheideweg angekommen. Hier können die äußeren Konflikte, die Individuen und Gruppen vom großen Ganzen abspalten, gelöst werden, indem die inneren männlichen und weiblichen Energien wieder in ein größeres, harmonisches Gleichgewicht kommen. Während jedes menschliche Wesen seine in ihm wohnenden gegensätzlichen Energien ausgleicht, verändert sich auch das äußere Spiel von Menschen, Situationen und Dingen und bringt damit die Wirklichkeit einer globalen Gleichheit und Zugehörigkeit aller zum Ausdruck.

Obwohl der Hauptfokus in diesem Buch auf dem Wandel vom Ego zur Seele liegt, enthält es auch wichtige Hinweise zum Ausbalancieren unserer männlichen und weiblichen Energien. Dies soll Unterstützung geben, damit die Verlagerung vom inneren Krieg zu unserer wahren Natur sowohl möglichst harmonisch als auch umfassend stattfinden kann. Wenn wir die Gleichung *Bewusstheit + Auflösung = Ausdehnung* benutzen, ist der erste Schritt immer die Bewusstheit. Indem wir uns der verschiedenen Rollen der inneren männlichen und weiblichen Energie zunehmend bewusst werden, können wir den nächsten Schritt hin zu größerer energetischer Harmonie gehen. Dabei sollten das innere Männliche und das innere Weibliche in der Auflösung zusammenkommen, so dass der Plan unserer höchsten Ausdehnung in Erfüllung gehen kann.

Da männliche Energie als die Entschlusskraft, Ausrichtung und Tatkraft der göttlichen Quelle agiert, besitzt sie die Fähigkeit, kraftvolle Entscheidungen zu fällen, die sich in Harmonie mit höher schwingenden Realitäten befinden. Dies ist möglich, sobald die entsprechenden Einsichten empfangen wurden. Damit dies geschehen kann, braucht es die Empfänglichkeit, Kreativität und nährende Ausdehnung des inneren Weiblichen. Dieses wird zum Empfänger des notwendigen Wissens, welches das Männliche zu stärker herzbasierten Entscheidungen inspiriert.

Um mit diesem Buch ein ganz konkretes Beispiel zu geben: es ist die männliche Energie, die deine Aufmerksamkeit darauf lenkt, jede Seite dieses Buches zu lesen und jede Perle der Weisheit zu erforschen. Aber es ist die Empfänglichkeit des Weiblichen, die alle Erkenntnisse aufnimmt, die das Männliche dann erforscht.

Alle Barrieren auflösen

Für eine harmonische Zusammenarbeit der männlichen und weiblichen Energien müssen wir uns regelmäßig mit unserem Atem in Übereinstimmung bringen. Dadurch lösen wir alle Barrieren auf, die die eine Seite von der anderen trennen. Wie wir in Kapitel drei gelernt haben, ist die Harmonisierung über den Atem eine Möglichkeit, jede der drei Qualitäten unserer inneren Natur – Respekt, Anerkennung und Akzeptanz – auf einmal zu aktivieren. Wenn wir uns dafür entscheiden, durch unsere Erfahrung hindurch zu atmen, erlauben wir dem inneren Männlichen und seinem weiblichen Gegenstück, immer höhere Ebenen der Übereinstimmung zu erreichen und so Konfliktmuster aufzulösen, die in unseren Energiefeldern kreisen.

Jedes Einatmen stellt dabei die Empfänglichkeit des Weiblichen dar, sich verbindend mit einem Gefühl von Stärke, Mut und Sicherheit. Das Einatmen ermöglicht uns, alle inneren Ebenen und Schichten zu reinigen und zu nähren. Das Ausatmen wiederum stellt den Antrieb des Männlichen dar, mit erhöhtem Fokus und stärkerer Intention zu respektieren, anzuerkennen und zu akzeptieren.

Selbst wenn wir an einem arbeitssamen Tag nur hin und wieder ein kleines Zeitfenster finden um eine bewusste Atempause zu nehmen, ist es nur eine Frage unserer Bereitschaft, die Aufmerksamkeit nach innen und auf die Kraft des Atems zu lenken. So lösen wir jeden Aspekt der Verpuppung auf, wodurch unsere Seele wachsen kann. Da sowohl das Männliche als auch das Weibliche sowohl die Täter- als auch die Opferrolle gespielt haben, wird jeder Rollenmissbrauch aufgehoben, sobald wir in eine größere energetische Auflösung hineinatmen.

Wenn du die Konflikte unserer inneren Polaritäten beobachtest, die wir in der äußeren Welt austragen, wirst du erkennen, dass die männlichen Qualitäten in unserem Selbst das Weibliche nicht einfach unterdrücken, dominieren und als Objekt betrachten können, ohne dabei die Bewusstheit des Atems zu verlieren.

In dem Moment, da der Atem übersehen oder unbewusst in Abrede gestellt wird, versucht das unausgewogene Männliche seinen Schmerz, seine Unsicherheit und seine Verletzlichkeit auf die Unschuld der weiblichen Energie zu lenken und ihr den Atem zu nehmen.

Gleichermaßen kann auch die weibliche Energie das Männliche nicht unbewusst über Forderungen nach Schutz oder Rache manipulieren, ohne die Kraft ihres Atems zu verlieren. So kommt es, dass jede Form der Unterdrückung nur dann ausgeübt werden kann, wenn wir die Ausrichtung auf unserem Atem vernachlässigen. Da das Atmen der verkörperte

Ausdruck deiner wahren Natur ist, erschafft die Trennung vom Atem den inneren Krieg des Egos, der nur durch die Ausdehnung der Seele gelöst werden kann. Jedes Mal, wenn wir uns erlauben, unseren Atem in den Mittelpunkt unserer Aufmerksamkeit zu stellen, bewegen wir uns weiter von den karmischen Zyklen des Missbrauchs weg. Dies ist nicht nur für unsere eigene Aussöhnung mit unseren Erfahrungen wichtig, sondern auch für das Wachstum des großen Ganzen.

Ob wir bereits dazu in der Lage sind, Respekt, Anerkennung und Akzeptanz zu leben und immer mehr zu erweiterten Perspektiven zu finden oder ob wir noch im Zustand des Sorgens, Befürchtens und Bedauerns leben: Wir können die Kraft unseres Atems dazu einsetzen, jeden Abgrund zu überbrücken und unsere Seele dazu inspirieren, sich zu zeigen.

Von unbewusster Unterdrückung zu gleichwertiger Partnerschaft

Unterdrückung entsteht dann, wenn Fokus, Tatendrang und Entschlossenheit unbewusst die Unschuld unserer wahren Natur klein halten, dominieren und zum Objekt degradieren. Exemplarisch dafür ist das Beispiel eines unausgewogenen männlichen Verstandes, der ein sensibles weibliches Herz dominiert. Dies ist ein häufiger Konfliktgrund zwischen zwei Menschen. Als eine Möglichkeit, die Unterdrückung des Göttlich-Weiblichen zu heilen, nimmt die Energie der Quelle Form und Gestalt an. Sie wird zu einer Welt von Charakteren, in der wir uns gegenseitig durch das Bilden und Auflösen von Beziehungen reinigen, aktivieren und unser höchstes Potenzial erwecken. Dabei sollte unsere spirituelle Entwicklung niemals der einzige Grund sein, aus dem wir eine emotionale Bindung eingehen. Die Art der Heilung, die durch das Eingehen von emotionalen Bindungen stattfindet, hängt davon ab, wie viel Zeit im Kokon des Egos bzw. in der Kommunikation aus dem Seelenzustand zugebracht wurde.

Sobald zwei Menschen miteinander aus dem Seelenzustand kommunizieren, wird Verbundenheit entdeckt. Solange beide Partner sich aus dem Ego-Zustand mitteilen, wird Ablehnung betont. Wenn der eine Partner die Seele verkörpert, während der andere seine Egomuster auslebt, wird die Opfermentalität aufrechterhalten.

Ob unsere Beziehung romantischer Natur oder eher geschwisterlich ist, jede Beziehung dient dazu, Brüche zu heilen, die das innere Männliche einst vom inneren Weiblichen trennten. Kommen diese beiden Pole in harmonischer Balance zusammen, werden hin- und herpendelnde Muster der Unterdrückung durch das Potenzial heiliger Partnerschaft auf physischer, mentaler, emotionaler oder energetischer Ebene ersetzt.

Ein heiliger Partner werden

Wenn beide Polaritäten einander annähern, können wir die Ausdehnung unserer Seele in der Gegenwart anderer immer besser verkörpern. Sind wir in der Lage, mehr in Übereinstimmung mit unserer Seele zu leben und mehr vom Herzen her zu handeln, erhöht sich die Wahrscheinlichkeit, dass wir einen Partner im Außen anziehen können, der uns das Licht unserer Seele widerspiegelt.

Im Erschaffen von heiligen Partnerschaften – ob mit Freunden, Familienmitgliedern, Bekannten oder Liebespartnern – dreht es sich darum, die Qualitäten unserer wahren Natur weiter zu verfeinern, so dass wir sie anderen aus freien Stücken als Geschenk anbieten können. So wie es bei der Ausdehnung unserer Seele maßgeblich davon abhängt, wie gut wir den inneren Krieg aus Besorgnis, Antizipation und Bedauern auflösen können, kann jeder externe Konflikt dahinschwinden, wenn wir in allen Begegnungen Respekt, Anerkennung und Akzeptanz praktizieren. Weil uns außerdem Beziehungen, die Muster der Unterdrückung aufrecht erhalten, keinen Nutzen für unsere Weiterentwicklung bieten, ist es wichtig darauf fokussiert zu bleiben, wie wir auf andere reagieren wollen, ganz unabhängig von ihrem Verhalten.

Respekt leben

Als eine Möglichkeit, zwischenmenschliche Begegnungen in Richtung heilige Partnerschaften zu entwickeln, können die Qualitäten unserer wahren Natur nach außen offengelegt werden, indem wir Möglichkeiten, von der Seele her zu kommunizieren, im Zusammensein mit anderen fördern.

Respekt ist, als erste Qualität unserer wahren Natur, ein unerlässliches Element für die Schwingungserhöhung in jeder Beziehung. Zuhören ist Respekt in Aktion. Wenn wir anderen zuhören, beglaubigen wir die Einzigartigkeit ihrer Existenz, indem wir ihnen bestätigen, dass sie es wert sind, gehört, gesehen und angenommen zu werden.

Auch wenn unser Ego vielleicht nicht mit allen von anderen geäußerten Ideen und Meinungen übereinstimmt, ist es unerlässlich, die Standpunkte anderer anzuhören, statt schnell zu interessanteren oder angenehmeren Themen überzugehen. Natürlich brauchen wir keine Meinungen zu teilen, mit denen wir nicht in Resonanz gehen. Wenn wir mit anderen interagieren, gibt es jedoch immer das Potenzial, dass wir uns mehr gesehen und gehört fühlen, je nachdem, wie aktiv wir selbst unser Gegenüber sehen oder hören.

Da die Wirklichkeit von den Gesetzen des Einheitsbewusstseins regiert wird, erweitern die Qualitäten unserer wahren Natur, die wir anderen anbieten, sowohl unsere Seele als auch die der anderen. Gleichzeitig werden alle Konflikte zwischen den inneren männlichen und weiblichen Energien gelöst. Solange unsere Beziehungen nicht immer wieder ganz bewusst als Handlungen heiliger Partnerschaften respektiert, anerkannt und willkommen geheißen werden, drohen sie automatisch zu egobasierten Interaktionen zu werden, in denen der innere Krieg in beiden Energiefeldern beibehalten wird.

Während das Ego sein Bestes versucht, ein aktiver und interessierter Zuhörer zu sein, ist das Zuhören eigentlich eine Fähigkeit, die nur die Seele besitzt. Solange wir aus dem Inkubationszustand heraus hören, werden wir wahrscheinlich Gefühle wie Frustration, Unbehagen und Langeweile empfinden, da das Ego nur durch einen eigennützigen Filter zuhören kann.

Wenn es dir nicht möglich ist, anderen aufrichtig und interessiert zuzuhören, deutet das auf die Notwendigkeit hin, dir Zeit zu nehmen und deinen inneren Gedanken, Sorgen, Träumen und Wünschen leidenschaftliches Gehör zu schenken als jedem anderen Menschen. Indem wir zuerst unsere *eigenen* Gedanken und Gefühle auf einer tieferen Ebene respektieren, anerkennen und willkommen heißen, werden wir fähig, unser Vermögen, anderen zuzuhören, auszuweiten.

Auch wenn dieser Vorschlag in dir vielleicht Abwehr hervorruft, ist es möglich, in jedem Moment alle drei Qualitäten unserer wahren Natur zu verfeinern, indem wir uns die Zeit nehmen, uns mit unserem Atem in Übereinstimmung zu bringen. Je öfter Zeit wir schaffen, bewusst zu atmen, desto gesünder und erfüllender können unsere Beziehungen werden.

Als göttliche Quelle sprechen

So, wie wir über das Zuhören das Fundament für eine heilige Partnerschaft legen, bekommen die Samen jeder unserer Bindungen mit Hilfe von Anerkennung die beste Wachstumsgelegenheit. Als zweite Qualität unserer wahren Natur ist Anerkennung ein weiterer anspruchsvoller Schritt im Prozess des Zuhörens. Sie erlaubt den Menschen in unserem Leben gesehen und gehört zu werden, denn Anerkennung übermittelt einer Person das Gefühl, wertvoll zu sein – unabhängig davon, ob wir ihre Worte oder Taten schätzen.

Aus Sicht des Egos kann ein Mensch nicht geschätzt werden, wenn wir seine Worte oder die Weltanschauung, die er verkörpert, nicht würdigen können. Dagegen kann aus der Seelenperspektive jeder in seinem Dasein als Ausdruck der Quelle angesehen werden und verdient damit Respekt, Anerkennung und warme Akzeptanz, auch wenn er sich in seiner Persönlichkeit unseren höchsten Werten und Kernüberzeugungen diametral entgegengesetzt verhält.

Anerkennung ist eine Bejahung oder ein Kompliment, das wir anderen als Antwort auf ihr Mitteilen anbieten. Unsere ewige Quelle existiert als all-wissende, all-liebende und omnipräsente Kraft der Natur. Wenn wir aus ihr antworten, erlauben wir der Gnade der göttlichen Energie durch uns zu sprechen und das Leben anderer zu berühren. Je mehr wir die göttliche Kraft in anderen anerkennen können, desto mehr sind auch wir in Harmonie mit dem Licht unserer eigenen Seele.

Sogar, wenn jemand in respektloser Weise mit uns spricht, kann dies zu einer Gelegenheit werden, uns selbst anzuerkennen und zu würdigen und so die Energie der verbalen Attacke zu neutralisieren. Sind wir fähig, die Reinheit unseres Herzens wertzuschätzen oder dem Licht der anderen ein Kompliment zu machen, ist das ein Zeichen dafür, dass unsere sich ewig ausdehnende Seele hervortritt und sich in das übergroße

Glück einer heiligen Beziehung begibt. Dies kann sehr wohl geschehen, während wir gleichzeitig noch tief mit unserem eigenen Heilungsprozess beschäftigt sind.

Auch wenn wir gerade nichts Hilfreiches zu sagen haben, können wir immer das Geschenk des Zuhörens anbieten und unser Gegenüber dabei unterstützen, die Polaritäten seiner inneren männlichen und weiblichen Kräfte über den Atem zu harmonisieren. Durch die göttliche Eigenschaft der Anerkennung sind wir – je öfter wir uns auf die Dinge konzentrieren, die wir und andere gut machen – in der Lage, die Schwingung der Selbstwertschätzung in allen Energiefeldern anzuheben.

Egal, wie stark jemand mit seinen eigenen Konflikten beschäftigt zu sein scheint: unsere Bereitschaft mit Komplimenten anstelle von Kritik zu reagieren, ist eine zentrale Möglichkeit, unsere Schwingung als Botschafter des Wohlbefindens anzuheben. Die Wahrnehmung, inwieweit unsere Wertschätzung angenommen wird oder nicht, kann uns zeigen, wie überfordert die anderen möglicherweise in ihrem Heilungsprozess sind. In der Zwischenzeit zeigt unsere Bereitschaft uns zu öffnen – unabhängig von den aggressiven oder defensiven Reaktionen unseres Gegenübers – die Schönheit unserer sich ewig weitervollziehenden Entfaltung.

Die Lebendigkeit der Intimität

Als dritte Qualität unserer wahren Natur stabilisiert liebevolle Akzeptanz die Wurzeln unserer heiligen Partnerschaften, aus denen so ihr volles Potenzial erblüht. Oft als eine Lebendigkeit der Intimität wahrgenommen, ist die Seelenfähigkeit der bejahenden Akzeptanz das instinktive Wesen unseres Herzens, das lediglich von Schichten menschlicher Konditionierungen überlagert ist. Solange wir mit dieser göttlichen Eigenschaft in Übereinstimmung leben, kann jeder Moment als eine einzigartige Inkarnation von Erfahrungen zelebriert werden. Statt eine Lebensspanne ausschließlich als die Zeit zwischen Geburt und Tod eines Individuums zu betrachten, enthält auch jede unserer persönlichen Begegnungen einen ganz bestimmten Beginn und ein ganz bestimmtes Ende. Die Summe unserer Begegnungen und Erfahrungen eines beliebigen Tages kann daher leicht viele verschiedene Lebensspannen umfassen. Wenn wir in liebevoller Akzeptanz verankert sind, vergeben wir der Vergangenheit, indem wir jeder Person und jeder Situation ermöglichen, als ganz neues Zusammentreffen von Wachstum und Entfaltung angenommen zu werden.

Da unsere Seele leicht und rein ist, ist sie von Natur aus fähig, jeder Erfahrung ihre Einzigartigkeit zuzugestehen, egal, wie unsere Lebensgeschichte uns auch immer geprägt hat. Das Ego hingegen kann keine Interaktion als neues Abenteuer willkommen heißen, so sehr es sich auch bemüht, alles richtig zu machen. Stattdessen hält es an der Vergangenheit fest, indem es jeden unverarbeiteten Schmerz auf sein Gegenüber projiziert. Wenn wir es wagen, uns selbst und anderen immer wieder neu und unvoreingenommen zu begegnen, entdecken wir eine innere Quelle der Vergebung. Dies lässt uns die Vergangenheit vielleicht nicht vergessen, ermöglicht es uns aber, unseren Mitmenschen die Chance zu geben, sich positiver zu verhalten als jemals zuvor. Ob andere sich diese Einladung zu Herzen nehmen oder nicht, kann unsere Seele nicht von ihrem tiefsten Wunsch abhalten, zum Wohle aller immer offener reagieren zu wollen. Aus dieser Haltung können wir Intimität als einen Tanz wahrnehmen, in dem die göttliche Quelle sich in ihren vielen verschiedenen Gesichtern selbst begegnet.

In diesem Moment entsteht wahre Liebe. Es geht dann nicht mehr allein um die Elektrizität persönlicher Erregung, sondern um die Möglichkeit, das Licht unserer eigenen Göttlichkeit in der Schönheit des anderen gespiegelt zu sehen.

Um dir zu helfen, deiner inneren männlichen und weiblichen Energien ins Gleichgewicht zu bringen, bedenke bitte die Weisheit der folgenden Aussagen oder wiederhole sie laut:

Ich akzeptiere, dass beide Aspekte der Polarität benötigt werden, damit die Harmonie des Gleichgewichts existieren kann. Ich würdige das Männliche für seine Ausrichtung, seine Tatkraft und Entschlossenheit, genauso wie ich das Weibliche für seine Empfänglichkeit, Kreativität und nährende Ausdehnung respektiere. Um jede Beziehung in das erfüllende Glück einer heiligen Partnerschaft zu verwandeln, bringe ich mich mit meinem Atem in Übereinstimmung, um dadurch beide Seiten meiner Persönlichkeit zu respektieren, zu ehren und als ein größeres integriertes Ganzes willkommen zu heißen.

Indem ich meine eigenen inneren, polaren Energien ins Gleichgewicht bringe, unterstütze ich die Menschheit dabei, Missbrauchskreisläufe zu unterbrechen und damit das göttliche Weibliche wieder in eine dem Männlichen gleichberechtigte Kraft zu bringen. Aus dieser Perspektive wird jeder Moment zu einer neuen Gelegenheit, mich selbst und andere unvoreingenommen und neu zu entdecken, ohne mich in widrige Situationen oder ungesunde Beziehungen zu begeben. Und so bin ich heil.

In dem Maße, indem deine inneren männlichen und weiblichen Energien in ein besseres Gleichgewicht finden, kann jede deiner Begegnungen emotionale Bindungen hervorbringen, die es dir ermöglichen, in den Raum einzutreten, in dem das Göttliche auf ganz selbstverständliche Weise erkannt werden kann. Aus dieser Perspektive können wir andere als natürliche Erweiterungen unserer wahren Natur würdigen und dabei gleichzeitig unser *eigenes* Herz ehren. Dies ist das Erwachen des Einheitsbewusstseins, das durch das Erblühen der Eigenliebe in dir wächst.

KAPITEL 5

Die vier Pfeiler der Selbstliebe

Aus spiritueller Perspektive ist Liebe keine Emotion, die wir ununterbrochen fühlen. Liebe ist eine unerschütterliche Tiefe des Mitgefühls und der Empathie, die sich nach innen wendet, um unsere Erfahrungen auf tiefster Ebene anzunehmen. Dabei ist es egal, wie durcheinander, verschlossen, unerfüllt oder überfordert wir gerade sind. Wenn wir in der Schwingung der Liebe verankert sind, müssen wir nicht vollständig geheilt sein, um die Güte und Fürsorge hervorzubringen, die tief in uns bereits existiert. Liebe inspiriert uns dazu, die innere Unschuld in unserem Herzen zu trösten, die sich danach sehnt, andere Dinge zu fühlen als die momentane Realität. Nicht zu verwechseln mit Verliebtheit ist wahre Liebe eine selbstlose und harmonische Reaktion einer tiefergehenden Unterstützung, kein wie auch immer geartetes emotionales Hoch.

Je liebevoller wir in unseren Beziehungen sind, desto herzbasierter werden wir. Gleichermaßen werden auch unsere Beziehungen mit anderen umso inniger, je mitfühlender wir mit uns selbst sind. Dies ist das Geheimnis wahrer emotionaler Befreiung. Damit all unsere Beziehungen sich in Harmonie mit der Quelle befinden, ist es entscheidend, uns die vier Pfeiler der Selbstliebe zu eigen zu machen. Dies transformiert jede unserer Interaktionen auf tiefster Ebene und ermöglicht es uns noch mehr, uns selbst in der Reinheit unserer heiligen Partnerschaften zu begegnen.

Nachdem wir bereits die Ausrichtung mit dem Atem als ersten Pfeiler erforscht haben, können wir nun die nächsten drei erkunden, die dafür sorgen, dass unsere höchste Schwingung mit Mitgefühl kultiviert wird.

Das Geschenk des inneren Raums

Liebe ist die magnetische Anziehungskraft des Einheitsbewusstseins. Während Liebe oft sehr spontan entsteht, kann sie ebenfalls auf ganz natürliche Weise gefühlt werden, wenn das Geschenk des Raums angenommen wurde. Es kann sich um eine Auszeit handeln, die wir von den uns vertrauten Rollen, von den Menschen, denen wir dienen oder gar von unserer täglichen Routine nehmen. Das Geschenk des Raums erscheint immer dann, wenn wir ganz bewusst eine Pause einlegen.

Während die Seele inneren Raum und Erholung braucht, um in Harmonie zu bleiben, ist dem Ego oft vor dem Gefühl der Verletzlichkeit bange, das in einem solchen Raum entsteht.

Wenn wir nichts haben, um das wir uns sorgen, was wir befürchten oder womit wir hadern könnten, schafft die Schwere solch unbewusster Tendenzen das Aufkommen innerer Unruhe. Dieses Unbehagen signalisiert eine Ausdehnung, die Licht in eine ehemals dunkle Ecke unserer inneren Wirklichkeit bringt. Freiraum hilft uns, unsere inneren Muster bewusst zu sehen, so dass das Gefühl der Verletzlichkeit es für einen Moment geschehen lassen kann, dass das Ego seinen Kontrolldrang lockern muss.

Dies zeigt, warum das Ego in einem hin- und hergerissenen Zustand des inneren Konflikts lebt. Egal, welches Anliegen es auch konkret haben mag, es sucht nach genau dem Vergnügen, der Bestätigung und der Erfüllung, die nur von der

Seele empfangen werden kann. Das kommt daher, dass innerer Raum nötig ist, um empfangen zu können. Sobald Raum da ist, entflicht sich das Ego.

Das Ego möchte immer genau das bekommen, was nicht seiner Bestimmung oder seinem Wesen entspricht. Es ist durchaus fähig, sich einen speziellen Wunsch vorzustellen und viel Zeit damit zuzubringen, diesen mit viel Kraft und Mühe zu verfolgen. Dabei ist jede ersehnte Erfahrung dazu bestimmt, im Verlauf unserer Verlagerung von der Ego- zur Seelenebene empfangen zu werden.

So wie Nahrung nicht richtig verzehrt werden kann, wenn wir der Verdauung keinen Raum geben, können auch wir uns ohne den dafür benötigten Raum nicht voll bewusst, im Lot und herzbasiert sein. Da der innere Raum eine stille Wirkungskraft darstellt, versucht das Ego verzweifelt ihn zu vermeiden, denn es nimmt Raum als Einsamkeit und Isolation wahr. Auf der anderen Seite wiederum schätzt die Seele das Geschenk des Raums als Sphäre des Alleinseins, in der tiefere Verbindungen geschaffen werden.

Wahre Intimität bedeutet die Bereitschaft, sich in den Raum auszudehnen und ruhig und offen zu sein. In heiligen Partnerschaften gibt die Intimität uns die Gelegenheit, Raum miteinander zu teilen. Wollen wir die Bedeutung der Selbstliebe als unverzichtbare Komponente für eine heilige Partnerschaft erforschen, muss eine Beziehung mit ausreichend Freiraum geschaffen werden.

Das kann ganz einfach dadurch geschehen, dass wir uns kleine mentale Pausen über den Tag hinweg zugestehen, beim Pausieren dann ganz bewusst die emotionale Erfahrung wahrnehmen, und ein paarmal achtsam ein- und ausatmen.

Da die Ausrichtung auf den Atem den inneren Raum öffnet, in dem das Ego sich auflösen kann, ist es nur natürlich, eine Abneigung gegenüber einem nur von Bewusstheit und Atem gefüllten Raum zu empfinden. Lasst uns wie immer jeden

Schritt unserer Reise in dem Tempo gehen, das am unterstützendsten ist. Vielleicht geht es darum, uns an die Grenzen unserer Erfahrung zu tasten und zu wagen, einen Schritt darüber hinaus zu tun. Stell dir vor, du wartest in einer Schlange vor einem Bankschalter oder steckst im Straßenverkehr fest. All dies kann zu einer Gelegenheit für dich werden, das Gefühl von Raum zu erforschen, statt dir Sorgen zu machen, etwas zu antizipieren oder mit etwas zu hadern. Egal ob im Großen oder Kleinen – indem wir uns in das Geschenk des Raumes wagen, laden wir das helle Licht unserer Seele ein, sich zu zeigen.

Frieden mit der Zeit schließen

Die Kraft heiliger Partnerschaften hängt von unserer Beziehung zu unserem inneren Raum ab. Wenn wir mit unserer inneren Weite in Harmonie sind, akzeptieren wir die Notwendigkeit von Ruhen und Empfangen genauso wie wir dazu bereit sind zu geben und uns einzubringen. Damit dies geschehen kann, ist es wichtig, Frieden mit der Zeit zu schließen. Sie ist der dritte Pfeiler der Selbstliebe. Da das Ego von Besorgnis, Antizipation und dem Hadern mit der Vergangenheit getrieben wird, lebt es oft in einem Szenario des Rennens gegen die Zeit. Alles, was es will, befindet sich grundsätzlich an einem anderen Ort oder existiert nicht in der gewünschten Art und Weise. Die Seele hingegen existiert auf ganz natürliche Weise in einer innigen Beziehung mit dem inneren Raum und in völligem Frieden mit der zeitlichen Dimension.

Sobald wir Frieden mit der Zeit geschlossen haben, kann unsere innere energetische Polarität viel leichter ins Gleichgewicht finden. So wie kleine Kinder quengelig werden, wenn sie müde sind und ein Schläfchen brauchen, können auch wir uns schnell in Meinungsverschiedenheiten oder Missverständnisse verwickeln, wenn wir nicht ausreichend Zeit für uns selbst schaffen.

Obwohl das Ego sich mit jeder Seelenerweiterung immer weiter entflechten muss, kann es nicht einfach loslassen. Wenn wir uns Zeit geben, um größeres inneres Genährt-Sein zu kultivieren, bedeutet das für das Ego eine Art emotionaler Entziehungskur. Sobald du dich nach innen wendest und zur Quelle deiner eigenen liebevollen Güte wirst, ist das Ego nicht länger in einer Position, in der es durch den Wunsch nach Bestätigung im Außen und Anerkennung durch andere unaufhörlich gefüttert oder provoziert wird.

Gibt es keine äußere Bestätigung, kann sich der Hunger des Egos verstärken, denn es kämpft darum, durch Bewertungen von außen oder Muster des inneren Kritikers unbewusst zu bleiben. Kurz gesagt, das Ego beginnt zu kämpfen, sobald es nicht mehr gefüttert wird.

Häufig gehen Beziehungen dann kaputt, wenn wir einen unbewussten Kampf mit der Zeit führen. Entweder nehmen wir andere Menschen für selbstverständlich und widmen ihnen nicht mehr ausreichend gemeinsame Zeit oder wir drängen den intimen Raum aus unserer Partnerschaft, weil wir nicht genügend Zeit für uns selbst haben. Daher ist die Aufgabe, Frieden mit der Zeit zu schließen, so überaus wichtig in der Pflege unserer Eigenliebe. Sobald wir uns die Zeit dafür nehmen für uns selbst zu sorgen, können wir konstruktive Entscheidungen treffen, anstatt uns zu selbstzerstörerischen Mustern hingezogen zu fühlen.

Gut ausgeruht sein

Sich gut ausgeruht zu fühlen ist ein Anzeichen dafür, dass wir Frieden mit der Zeit geschlossen haben. Das ist der vierte Pfeiler der Eigenliebe. Sobald wir den Zustand des Erholtseins häufiger erleben, beginnen wir die göttlichen Attribute unseres höchsten Potenzials zu verkörpern. Ohne die notwendige Ruhe fühlen wir uns am falschen Ort, aus dem Lot oder unwohl in Bezug auf die Richtung unseres Lebens. Auch wenn manches auf eine Vielzahl von Dingen hindeuten mag, um die wir uns sorgen müssen, signalisiert uns eine solche Erfahrung oft nur, dass wir mehr Ruhe brauchen.

Einer meiner Lieblingssätze lautet: Ein Paar, das gemeinsam ausruhen kann, kann optimal miteinander sein. Das kommt daher, dass das Ausgeruht-Sein die Wurzeln einer Beziehung stärkt. Dies erlaubt, dass sich die Verbindungen zwischen zwei Herzen ohne persönliche Absichten ausrichten und vertiefen können. Ob wir uns auf andere beziehen oder unsere eigene innere Natur annehmen, der Pfeiler des Ausgeruht-Seins ist ein guter Maßstab dafür, wie bewusst das Geschenk des Raumes empfangen wurde.

Wenn alle vier Pfeiler stabil sind – wir also gut ausgeruht, im inneren Raum verankert, mit unserem Atem in Harmonie und in Frieden mit der Zeit sind – können wir die besten, heiligen Partner für uns selbst sein. Und während unsere innere heilige Partnerschaft gedeiht, können wir das Licht auch in anderen entzünden, anstatt unaufhörlich ihr Ego zu provozieren.

Die Seele entwickelt sich, indem wir unsere Schwingung heben oder indem das Ego sich entflicht. Wie sehr wir in der Selbstliebe verankert sind, drückt sich oft in der Art der Rollen aus, die wir spielen. Wenn wir merken, dass wir regelmäßig eher mit Konflikt als mit Mitgefühl reagieren, kann das ein Zeichen dafür sein, dass einer der vier Pfeiler zu schwach oder im Ungleichgewicht ist.

Raum + Zeit = Aufmerksamkeit

Unsere Reaktion auf jede unserer Beziehungen spiegelt uns den Grad wider, zu dem wir gerade im herzbasierten Bewusstsein verankert sind. Wenn Zeit und Raum Verbündete und keine Feinde sind, öffnet unsere Bereitschaft zu mehr achtsamer Aufmerksamkeit das Tor zu dauerhafter Erfüllung. Aus diesem Grund lautet die Formel für die Ausdehnung herzbasierten Bewusstseins *Raum plus Zeit ist gleich Aufmerksamkeit.*

Ohne Zeit ist Aufmerksamkeit begrenzt und von Bedingungen abhängig. Ohne Raum ist Aufmerksamkeit zerstreut und ohne Fokus. Wenn also Zeit und Raum durch die Gnade unserer wiedererlangten Klarheit und unseres verbesserten Fokus sich in der richtigen Weise aneinander ausrichten, wird alles, was wir vorher gewöhnlich als Hindernis empfunden haben, zum Beschleuniger unserer Erweiterung.

Während wir also Räume in unserem Leben erschaffen, in denen wir selbst uns die Aufmerksamkeit schenken, die andere Menschen scheinbar zurückhalten, findet auf ganz natürliche Art und Weise eine Verlagerung vom Ego zur Seelenebene statt. Wenn wir in Harmonie mit den vier Pfeilern sind, können wir aus diesem Raum bewusst agieren, anstatt automatisch zu reagieren, und kooperieren, anstatt zu konkurrieren.

Passive versus ekstatische Zustände

In einer spirituellen Entwicklungsreise geht es nicht darum, immer größeren, transzendenten Erfahrungen hinterher zu jagen, sondern darum, noch sensibler gegenüber den immer in uns lebendigen subtilen Energien zu werden. Je mehr sich unser Herz öffnet, desto mehr können wir die unendliche Kraft wahrnehmen, die unserem tiefsten Zustand von Gelassenheit ganz natürlich innewohnt.

Aus Sicht des Egos werden immer noch größere Erfahrungen stets als die Lösungen für die schlimmsten Probleme des Lebens angenommen. Das oft als spiritueller Adrenalin-Junkie personifizierte Ego versucht, Momente geistiger Expansion als Flucht vor Umständen zu nutzen, die es nicht kontrollieren kann. Ob durch den übermäßigen Gebrauch pflanzlicher Halluzinogene, die Abhängigkeit von bewusstseinsverändernden Drogen, das Bestreben, sich mit Hilfe bestimmter Heilmethoden auf immer die gleiche Weise zu fühlen oder sogar, indem es Meditation als eine oberflächliche Art der Flucht aus der eigenen Realität benutzt: Sobald mystische Erfahrungen auftreten, wird der Rest des in uns aktiven Egos einen Hunger nach noch größerer Erweiterung entwickeln.

Auch wenn das Ego niemals die Erlebnisse erfolgreich herbeiführen wird, nach denen es jagt, gewährleistet ihm das Streben nach immer größeren Erfahrungen, dass es ständig etwas hat, worüber es sich sorgen, was es antizipieren und womit es hadern kann. So kann es sich darüber Sorgen machen, niemals die innere Klarheit zu erleben, nach der es sich doch sehnt, es kann das Eintreten noch kraftvollerer energetischer Erfahrungen antizipieren und es kann vergangene Entscheidungen bereuen, von denen es annimmt, dass sie der Grund für das Ausbleiben der lang ersehnten spirituellen Öffnungsprozesse sind.

Aus der Seelenperspektive sind ekstatische Bewusstseinszustände wie Glück, Einheit und Liebe ein kraftvoller Ausdruck unserer subtilsten energetischen Kräfte. Dabei bedeuten größere spirituelle Erfahrungen nicht notwendigerweise das Eintreten einer höheren Schwingung. Tatsächlich können die gewöhnlichsten aller Umstände von der höchsten Schwingung in uns wahrgenommen werden. Da die Seele eine Manifestation des sich endlos ausdehnenden Bewusstseins des Lebens ist, sehnt sie sich danach, so sensibel wie möglich allen Energien gegenüber zu werden, die im Leben Form annehmen. Im Gegensatz zum Ego, das sich selbst über die Größe der Erfahrung definiert, konzentriert sich die Seele darauf, komplett involviert und voll und ganz empfänglich für den gegenwärtigen Moment zu sein, egal wie unbedeutend dieser auch erscheint.

Aus Sicht der Seele wurde nichts geschaffen, das nicht einen wesentlichen Beitrag zur Evolution leistet. Während das Ego an jeden Moment die Frage »Was kannst du für mich tun?« richtet, fragt die in heiliger Bescheidenheit verankerte Seele: »Wie kann ich dir am besten dienen?«

Wenn das Ego nicht ständig befriedigt, mit dem Gefühl der Erfüllung überhäuft und auf Schritt und Tritt bestätigt wird, empfindet es selbst in persönlichen Beziehungen das Gefühl der Zurückweisung von derjenigen Person, die seinen unstillbaren Hunger nach mehr nicht zufriedenstellen kann. Aus Sicht der Seele dagegen liegt der Erfolg einer Beziehung darin, eine Bindung herzustellen, die den Wünschen beider Partner gleichermaßen dient. Während das Ego Partnerschaften oft dazu benutzt, dem nächsten großen Gefühl hinterherzujagen, konzentriert sich die Seele darauf, ein möglichst engagierter Partner zu sein, der sowohl gibt als auch empfängt.

Um also empfänglicher für lebhafte Erfahrungen mit der göttlichen Quelle zu werden, ist es wichtig, die Beziehung zwischen passiven und ekstatischen Zuständen zu verstehen.

Wellen und Ozean sind eins

Die Beziehung zwischen passiven und ekstatischen Zuständen ist dem sehr ähnlich, wie Wellen die unaufhörliche Aktivität des Meeres zum Ausdruck bringen. Während die Wellen immer in heftiger Bewegung sind, sind sie nicht-trennbare Anteile einer einzigen vernetzten Realität. So wie keine Welle groß genug sein kann, um einen ganzen Ozean zu ertränken, so kann auch weder Person noch Situation unser Seelenlicht beschädigen. Sie können stattdessen lediglich das Ego begrenzen oder klein halten, während dieses jede Not und jedes Opfer aushält, die es im Verlauf seiner Auflösung erleben muss. Nehmen wir den Ozean als Metapher für die göttliche Energie, dann ist jede Person, jeder Ort und jedes Ding eine Welle der Göttlichkeit, die in beständigem Kommen und Gehen aus ihr erwächst.

Sobald wir uns nach den vier Pfeilern der Selbstliebe in Übereinstimmung ausrichten, nehmen die in Aussicht stehenden Dinge, die wir einst als Höhen und Tiefen unseres täglichen Lebens gesehen haben, eine viel tiefere spirituelle Bedeutung an. Aus dieser ozeanischen Perspektive erhöhter Empfänglichkeit wird die Bereitschaft, das Göttliche in anderen zu ehren, in immer mehr zu einem offensichtlichen und natürlichen Wiedererkennen.

Integration ist alles

Je größer die Welle, desto mehr Zeit wird benötigt, um alles zu trocknen, was von ihr durchnässt wurde. Dasselbe gilt für spirituelle Erfahrungen. Das Ego glaubt, dass die größte Erleichterung nur durch die größten Erfahrungen kommen kann. Die Seele weiß jedoch: Je weitreichender ein Erlebnis ist, umso länger kann das Verdauen, Aufnehmen und Integrieren dauern.

Wir können diese Erfahrung mit dem Genesungsprozess eines Menschen nach einer Operation vergleichen, bei dem der Körper vielleicht längere Zeit braucht, um sich an die Auswirkungen des medizinischen Eingriffs anzupassen. Auf genau dieselbe Weise braucht unser Energiefeld ein beträchtliches Maß an Fürsorge, Zeit und Erholung, um die Veränderungseffekte jedes einzelnen Erweiterungsmoments zu verarbeiten.

Auch ein Computer ist ein guter Vergleich, wenn es darum geht zu beobachten, wie unser Energiefeld die Gnade der spirituellen Erweiterung verarbeitet. So wie ein Computer nach einem umfangreichen Daten-Download Zeit braucht, um wieder hochzufahren, so geht auch unser Energiefeld durch ausgedehnte Zeiten der Integration und verarbeitet so all die Reinigungen, Aktivierungen und Erweiterungen, die in unseren täglichen Interaktionen stattfinden.

Hätte ein Computer ein Ego, würde er vielleicht das Herunterladen großer Dateien mit einem Gefühl höherer spiritueller Ausrichtung verbinden. Sobald der Download abgeschlossen ist, würde der Computer damit beginnen, jede Datei zu verarbeiten und dies würde sich für sein Ego so anfühlen, als ob die große Erfahrung des Herunterladens verschwunden wäre. Das Computer-Ego würde dann bei jedem Download in ständiger Angst davor leben, den Zustand der Ausdehnung zu verlieren, sobald das Herunterladen stoppt.

Dasselbe trifft zu, wenn das Ego auf der Jagd nach ekstatischen Bewusstseinszuständen ist. Dabei deutet es oft Situationen als Symptome, die unterstützende Heilmethoden benötigen, obwohl diese meist nur Anzeichen einer bereits stattfindenden Integration sind. Das bedeutet, dass viele der Erfahrungen, die das Ego dazu veranlassen, nach Heilmitteln zu suchen, oft lediglich Zeichen der Integration größerer Erweiterungen sind. Selbst wenn wir den Augenblick der Integration nicht bewusst erleben, müssen doch viele göttliche Feinheiten in unser Energiefeld integriert werden, damit sie uns in die nächsthöhere Ebene unserer Evolution begleiten können.

Als spiritueller Adrenalin-Junkie ist das Ego süchtig nach und angelockt von Gegensätzen. Lebt es alleine, träumt es von Partnerschaft. Wenn es in Partnerschaft lebt, sehnt es sich nach der Freiheit des Single-Daseins. Welches Beispiel wir auch nehmen, das Ego möchte immer glauben, dass Veränderungen seiner Umgebung der einzige Weg zu mehr Wohlgefühl sind. Auch wenn es die Integration der Seele ist, die das Ego zur Auflösung bringt, ist das Ego fähig, den anfänglichen Fluss der sich ausdehnenden Energie zu erkennen. Sobald die Woge des emotionalen Kontrasts nachlässt, beginnt der Integrationsprozess.

Statt uns wie beim Beginn einer größeren Ausdehnung energetisiert und erbaut zu fühlen, erleben wir uns in den Integrationsprozessen eher als müde, ausgelaugt, melancholisch oder rückzugsbedürftig.

Während das Ego glaubt, dass spirituelle Erfahrungen alles in Sekundenbruchteilen verändern können, hat es nicht die Fähigkeit, den gleichermaßen wichtigen Integrationsprozess zu schätzen. Dies liegt daran, dass die herannahende Integration die Kraft darstellt, durch die das Ego zur Quelle zurückkehrt. Wenn das Ego nach Heilung sucht, tut es dies nur, um die Konditionierungsmuster beizubehalten, welche durch Integration aufgelöst werden.

Deshalb sind die vier Pfeiler der Selbstliebe so wesentlich für unsere spirituelle Entwicklung. Statt überall in unserem Leben Hindernisse zu sehen, gelingt es uns nun – indem wir ausgeruht, in unserem inneren Raum gut verankert, in Übereinstimmung mit unserem Atem und im Frieden mit der Zeit sind – Möglichkeiten zu erkennen, wie wir eine erfolgreiche Integration der göttlichen Quelle unterstützen können.

Wenn wir uns stärker an den bereits laufenden Erweiterungen und Integrationen beteiligen, werden wir wahrscheinlich empfänglicher für eine tiefere spirituelle Wirklichkeit sein – anstatt größeren Erfahrungen hinterherzujagen, die anschließend längere Ruhezeiten benötigen. Auch wenn der Genuss von köstlichem Essen uns einen Moment sofortiger Befriedigung bereitet, geht der Körper durch einen viel längeren Prozess, um alles zu verdauen. Gleichermaßen mag eine momentane Bewusstseinserweiterung das Ego mit dem Kontrast füttern, den es sich wünscht, sie bringt aber auch eine viel längere Zeit der Revitalisierung und Erneuerung mit sich.

Aus diesem Grund besteht keine Notwendigkeit, den spirituellen Erfahrungen hinterherzujagen, die unser Ego begehrt. Indem wir allem erlauben, in genau dem richtigen Moment zu uns zu gelangen, können wir sicher sein, perfekt ausgerichtete Öffnungen im Bewusstsein zu erleben, die sich harmonisch und einfach integrieren können. Damit das geschehen kann, müssen wir der Welt der subtilen Energien gegenüber respektvoll und positiv eingestellt sein. Tief in unserer Seele wissen wir bereits, dass es die behutsamsten Erfahrungen sind, die – wenn wir sie von der höchsten Bewusstseinsschwingung her annehmen – uns die tiefste Weisheit und das größere, unvergessliche kosmische Bild unseres Schicksals zeigen.

Das Ego braucht Liebe

Einer der Gründe, warum die Ausrichtung an den vier Pfeilern dem Ego bei der Integration hilft, liegt darin, dass es geliebt werden muss, um sich entflechten zu können. Da das Ego sich vielleicht an vergangene Zurückweisungen erinnert, kann es nicht integriert werden, solange es in irgendeiner Art und Weise abgelehnt wird.

Gleichermaßen kann das Ego nicht mit der notwendigen emotionalen Nahrung versorgt werden, um seine Reise zu Ende zu führen, wenn wir jedem seiner Wünsche nachgeben. So bequem es auch ist es nicht zu mögen, wie das Leben sich im Inkubationszustand – der Zeit, die wir im Egozustand verbringen, bevor die Seele beginnt zu erwachen und sich auszudehnen – anfühlt: es ist unverzichtbar, in den vier Pfeilern gut verankert zu sein. Wir müssen Mitgefühl und Empathie für das Ego entwickeln, egal, ob es sich in uns selbst oder anderen erhebt. Tun wir das nicht, laufen wir Gefahr ein gerissenes und schwer fassbares spirituelles Ego zu entwickeln. Wenn dies geschieht, tendieren wir dazu, Schuld in anderen Egos zu finden und in Konflikt mit ihnen zu geraten. Wir versuchen dann vielleicht auch, Heilmethoden anzuwenden, um noch größere energetische Erfahrungen zu erleben, und uns damit vor einer Realität zu verstecken, zu deren Transformation wir hierhergekommen sind.

Dies zeigt, dass emotionale Empfänglichkeit ein immer existierendes Tor zu transzendenten spirituellen Realitäten darstellt. Während das Ego Transzendenz sucht, um sich von schwierigen Gefühlen abzuwenden, liegt der Zugang zu den tiefgründigsten Enthüllungen des Lebens in der Aussöhnung unserer Emotionen. In dem Maße, wie sich unsere Schwingung erhöht, steigt auch unsere Fähigkeit Wohlbefinden zu verkörpern und auszustrahlen. Je emotionaler wir empfänglich werden, desto höher sind die Lichtfrequenzen, die wir in unserem Bewusstsein willkommen heißen und für andere hervorbringen können.

Während das Ego jedes Gefühl nur daran misst, wie schmerzhaft oder angenehm es ist, betrachtet die Seele die Gegenwart jeder Emotion als eine Gelegenheit zur Selbstliebe. Wie frustrierend, unangenehm oder langweilig eine Erfahrung auch scheint – anstatt zu versuchen, das auftretende Gefühl verändern zu wollen, ändern wir unsere Sichtweise und Reaktion darauf.

Als Lichtträger einer neuen Realität wagen wir es in einem Akt der Selbstliebe der Reinheit unserer Emotionen mehr bewusste Aufmerksamkeit zu schenken. Auch dann, wenn wir unser Ego gerade nicht annehmen möchten, kann dies für uns zu einer fruchtbaren Gelegenheit werden, ausgeruhter zu sein, mehr in der Weite verankert, mehr in Übereinstimmung mit dem Atem und mehr in Frieden mit der Zeit.

Um die vier Pfeiler der Selbstliebe verkörpern zu können, bedenke bitte die Weisheit der folgenden Aussagen oder wiederhole sie laut:

Ich akzeptiere, dass Auflösung nicht von größeren spirituellen Erfahrungen abhängt, sondern davon, den feinsten Energien zu erlauben, von den höchsten Bewusstseinsschwingungen angenommen zu werden, die sich bereits in mir befinden. Dies geschieht, indem ich die vier Pfeiler der Selbstliebe annehme, die mich darin unterstützen, die bereits stattfindenden Heilungsprozesse zu integrieren.

Indem ich mir die Zeit nehme, gut auszuruhen, mich im inneren Raum zu verankern, mit meinem Atem in Übereinstimmung zu sein und mich in Frieden mit der Zeit zu befinden, vertiefe ich die heilige Partnerschaft mit mir selbst. Aus dieser Perspektive wird emotionale Empfänglichkeit ein Zugang zu transzendenten spirituellen Erfahrungen, die schneller zu mir kommen, als ich ihnen nachjagen kann. Während dies passiert, erhöhe ich meine Schwingung als Botschafter des Wohlbefindens, um die Welt dazu zu inspirieren, liebevoller und mitfühlender zu sein – einfach, indem ich mir die Zeit nehme, mich um mich selbst zu kümmern. Und so bin ich angenommen.

Kann unser Integrationsprozess in gleicher Weise angenommen werden wie unser Bedürfnis nach erweiterten Bewusstseinszuständen oder mystischen Erfahrungen, beginnt sich die Weisheit und Reife einer erwachenden Seele zu zeigen. Aus dieser Perspektive können wir den Unterschied zwischen dem, was wir wollen und dem, was wir brauchen, zur Kenntnis nehmen und sind bereit, das emotionale Klima unserer gegenwärtigen Realität als die Entfaltung unseres höchst erfolgreichen Transformationsprozesses anzunehmen.

KAPITEL 6

Die goldene Frage

Auf emotionaler Ebene wandelt die Verlagerung vom Ego zur Seele aggressives Überreagieren in die Diplomatie der bewussten Reaktion. Dies geschieht durch die fünf Stufen der Hingabe, die wir in diesem Buch an nächster Stelle diskutieren werden.

Um die Voraussetzungen für tiefe und von Herzen kommende Hingabe in Kapitel 7 zu schaffen, muss eine der tiefsten spirituellen Einsichten so vollständig von uns angenommen werden, dass sie die Art und Weise unserer Interaktion mit der Wirklichkeit verändert. Dies ist mit einem Punkt vergleichbar, von dem aus es kein Zurück mehr gibt und wo derjenige, der zum Sprung ansetzt, nicht mehr derselbe ist, wenn er auf der anderen Seite landet. Um es weiter bildlich auszudrücken: die Transformation geschieht mitten in der Luft. Dabei wird das Ego im Versuch, diese Schwelle zu überwinden, von der Seele ersetzt. Auch wenn die Metapher eines Sprungs als eine sehr schnelle Veränderung verstanden werden kann, hat jeder von uns das Recht auf eine Entwicklung, die sich so langsam oder so zügig entfaltet, wie wir es brauchen.

Das Ego möchte entweder auf ein Ziel zueilen oder bestimmen, wie Erfahrungen ausgehen. Tatsächlich jedoch ist jede Erfahrung ein Geschenk, welches von Anfang bis Ende enthüllt, gekostet und genossen werden will. Das Ego kann nur die seinen Vorlieben entsprechenden Momente wirklich genießen. Die Seele jedoch hat Zugang zu einer viel tieferen Wirklichkeit.

Um unseren Weg der Hingabe zu beginnen, ist es entscheidend, jedes lebende Wesen als Ausdruck der göttlichen Quelle anzunehmen. Auch wenn sich dies wie eine überbewertete spirituelle Einsicht anhören mag oder wie ein Konzept, das wir vielleicht bisher nicht direkt erlebt haben, beeinflusst die Tiefe, mit der wir diese Einsicht ehren, maßgeblich den Verlauf unserer spirituellen Meisterschaft.

Die Essenz der Vergebung

Der Inbegriff der Hingabe besteht darin, dass das, was wir als persönliche Kritik wahrnehmen, unser eigenes Erkennen des Schmerzes des anderen ist. Es ist einfach, das Urteil eines anderen Menschen über dich als Angriff anzusehen. Bei genauerem Hinschauen erkennen wir jedoch, dass dieser Mensch so in seine eigenen Heilungsprozesse involviert ist, dass er nicht begreift, wie seine einzige Zuflucht für momentane Erleichterung darin besteht, seine Frustration auf andere zu projizieren. Sobald wir mit der göttlichen Quelle in Übereinstimmung sind, müssen wir uns nicht länger als Missbrauchsopfer anderer fühlen, um ihnen Raum für ihre Heilung zu geben. In gleicher Weise können wir auch Interaktionen mit unseren schärfsten Kritikern willkommen heißen, die vielleicht nur in unserer Realität erschienen sind, um uns im Glätten unserer Ecken und Kanten zu unterstützen.

Wir könnten die Seele mit einem Marmorblock vergleichen. Menschen, die uns scheinbar mit verbalen oder emotionalen Waffen attackieren, sind nur die Werkzeuge, die ein göttlicher Künstler benutzt, um uns zu den Kunstwerken zu machen, zu denen wir bestimmt sind. Diese Sicht zeigt auch, dass wahre Vergebung eine Gelegenheit darstellt, jeder Person ihre Handlungen zu verzeihen, während unser höchstes Potenzial gleichzeitig geformt, geschliffen und bis zur Vollendung zum Glänzen gebracht wird.

Um die Essenz der Vergebung zu verstehen, bedenke bitte die Weisheit der folgenden Fragen:

Was wäre, wenn Dinge einfach passieren dürfen, ohne dass man jemanden dafür verantwortlich macht?

Was wäre, wenn es Schmerz, Verletzungen, Qual und Betrug geben könnte, ohne dass diese Gefühle mit den ausführenden Personen in Verbindung gebracht werden?

Was wäre, wenn der Reflex zur Anklage anderer eine Trennung von der Quelle ist?

Was wäre, wenn die Rückkehr zur Quelle dadurch erfolgt, dass wir den Menschen vergeben, mit denen wir unsere schmerzlichsten Erinnerungen verbinden?

Was wäre, wenn die Quelle jedes Szenario unseres Lebens ohne das Konzept von Strafe und Belohnung orchestriert hätte?

Was wäre, wenn ich deshalb an Belohnung und Strafe glaube, weil ich in der Vergangenheit von anderen für die Handlungen der Quelle verantwortlich gemacht wurde?

Was wäre, wenn die Quelle jedes Szenario nur dazu erschaffen hätte, um Erlösungsprozesse zu inspirieren, die die Welt um uns herum bereichern und heilen sollen?

Was passiert, wenn jede einzelne Meinung, jedes Urteil oder jede Schlussfolgerung an die Quelle zurückgegeben wird?

Wir waren nie die Zielscheibe

Während jeder von uns die ihn ahnungslos treffende Notlage menschlichen Leidens in der einen oder anderen Form bereits überlebt hat, gibt es einen viel tieferen Grund, warum die Dinge in genau der Art und Weise eintreten, wie sie es tun. Als Ausdruck der göttlichen Quelle haben wir uns auf einem Planeten inkarniert, auf dem jede Konsequenz unseres Handelns und jede Interaktion praktische Möglichkeiten dazu bietet, alle Weisheit des Himmels anzuwenden.

Vergebung beginnt damit, jeden Täter als einen Botschafter des Göttlichen anzuerkennen. Deshalb vertieft sich die Essenz der Vergebung weiter, wenn wir auch *uns selbst* als göttliche Quelle im Gewand der uns umgebenden Menschen sehen können. Sobald wir uns an unsere wahre Natur erinnern, können wir von unserer Identifikation als Opfer loslassen, da wir niemals das Ziel der Attacken anderer waren. Unsere Erfahrungen von Schmerz, Verzweiflung und Verwirrung waren im Grunde nur die verschiedenen Stufen der Trennung, die die *Menschheit* erlebte.

In Wahrheit sind wir das göttliche Licht. Wir erfahren die Unbewusstheit der Welt, zu deren Transformation wir gekommen sind, als eine Etappe unseres Heilungsprozesses, der sich mit überstandenen harten Erfahrungen weiter entfaltet. Bevor wir in der Lage sind, den Planeten zu heilen, müssen wir jedoch erst die Muster kennenlernen, die hier aktiv sind. Dies geschieht, indem wir in Mikrokosmen der kollektiven

Egostruktur platziert werden, die man gemeinhin als Familie bezeichnet. Während unserer Erziehung werden wir einem Konditionierungsprozess unterworfen, um so zu werden wie unser Umfeld und um die Muster kennenzulernen, zu deren Auflösung sich die Quelle inkarniert hat.

Dem Ego erscheint dies möglicherweise grausam und unfair und löst vielleicht sogar Groll gegenüber dem Universum aus. Tatsächlich sollten wir das Leben vielleicht eher als multidimensionalen Spielfilm betrachten. Statt bereits die Ereignisse der ersten Szenen zu bewerten, entscheidet sich unsere Seele für einen lebenslangen Entwicklungsprozess. Indem sie das tut, erlaubt sie dem zweiten und dritten Akt der epischen Lebens-Sage ein erlösender Ausgleich für die Umstände zu sein, die zu Beginn der Geschichte erschaffen wurden.

Jeder Angriff bedeutet, dass das Ego seine eigene Göttlichkeit in der physischen Form unbewusst verleugnet. Jeder Missbrauch ist der Versuch des Egos zu kontrollieren und zu dominieren. Jede Ablehnung ist das Ego, das sich von der Quelle abwendet, weil es seinen Willen nicht bekommt.

Auch wenn wir unseren Weg vielleicht als Opfer der Umstände begonnen haben, dient jeder Schmerz und jede Härte unserer höchsten Ausdehnung, wenn wir uns daran erinnern, dass das göttliche Licht als physische Form verkleidet ist. Diese Heilung vertieft sich, wenn wir erkennen, dass die göttliche Quelle das Phänomen der Entbehrung nur zulässt, um einen noch tieferen Heilungsprozess zum Wohle aller einzuleiten. Selbst wenn wir die erste Person sind, die sich ausdehnt, so beginnt doch über einen günstigen Zeitraum hinweg jeder Mensch, jeder Ort und jedes Ding in unserer Umgebung milder zu werden, da die Welt die höhere Schwingung des Bewusstseins, die wir kultivieren, zurückspiegelt.

Während wir nicht persönlich für die Unbewusstheit der Menschheit verantwortlich gemacht werden können, haben wir uns doch hier auf der Erde inkarniert, um an einer kollektiven Transformation der Wirklichkeit teilzunehmen. In diesem Prozess erwacht die Wahrheit der göttlichen Quelle nicht nur in einzelnen Menschen, sondern auf globaler Ebene. Dies kann uns dabei helfen, die Kraft unseres persönlichen Entwicklungsprozesses als einen der größten Beiträge zur Heilung dieses Planeten zu verstehen.

Die Essenz der Vergebung liegt vielleicht darin, das Leben als einen interaktiven Spielfilm zu sehen, in dem eine Quelle der anderen Quelle nur zu dem Zweck begegnet, das Drehbuch zu erweitern und jeden Protagonisten zu transformieren. In dem Moment, wo Vergebung unser Herz reifen lässt und wir uns auf tiefster Ebene hingeben können, kann alles, was wir anderen zugefügt oder andere wiederum uns angetan haben, geheilt werden und wird damit nicht weiter in uns beherbergt.

Um der Essenz der Vergebung zu erlauben, uns auf die fünf Stufen der Hingabe vorzubereiten, bedenke bitte die Weisheit der folgenden Fragen:

Wie wäre mein Leben, wenn ich mir selbst oder anderen nichts vorwerfen würde?

Was wäre, wenn die unerfreulichsten Eigenschaften und Handlungen eines Menschen einfach nur ausdrücken würden, wie tief verstrickt er gerade im Egozustand ist?

Ist es möglich, dass das unbewusste Verhalten oder die Grausamkeit anderer Menschen überhaupt nichts mit mir zu tun haben?

Kann ich jeden Augenblick der Verzweiflung als Beweis für die Trennung der Menschheit von der Quelle erkennen?

Bin ich bereit mich selbst zu heilen und damit einen der wichtigsten Beiträge zur Evolution der Erde zu leisten?

Was wäre, wenn meine tiefste Hingabe nur dazu da ist, um es anderen leichter zu machen, zu erwachen?

Was, wenn das Leben viel zu vollkommen ist, um unfair zu sein?

Bin ich bereit mich im Drehbuch der Realität weiterzubewegen und zu erfahren, wie alles zu meinem höchsten evolutionären Segen zusammenkommt?

Kann ich mir und anderen vergeben und mich auf diese Weise mit der Vollkommenheit der Quelle in Übereinstimmung bringen?

Sobald wir uns aus unserer Opferrolle lösen, sehen wir die Welt mit anderen Augen. Das bedeutet, dass wir fähig sind, die tieferreichenden Gelegenheiten in jedem Moment zu erkennen, anstatt uns nur mit der Oberfläche abzugeben. Sobald wir es wagen, zugunsten der Weiterentwicklung unserer Welt zu leben, ist es erstaunlich, wie viel weniger furchterregend dieser Planet uns plötzlich erscheint. Wenn wir nicht im Tiefschlaf des Egos verweilen, verschließen wir uns nicht und bleiben nicht in der Vergangenheit stecken.

Da wir bereits unüberwindliche Hindernisse überlebt haben, die das Leben für uns bereithielt, ist jetzt die richtige Zeit gekommen, alle Puzzlestücke zusammenzulegen, um die Ganzheit zu entdecken, die alles befreit.

Die Seele entwickelt sich immer weiter

Eine der bemerkenswertesten Eigenschaften der Seele liegt in ihrer Resilienz und Entschlossenheit, sich unter allen Umständen weiterzuentwickeln. Das Ego ist allerdings davon überzeugt, dass sich inneres Wachstum nur zu seinen Bedingungen entfalten wird. Es ist fast so, als ob das Ego nur bereit ist, sich zu entwickeln, wenn ihm danach ist! Wir müssen uns nicht immer unbehaglich fühlen, um uns ausdehnen zu können, wir brauchen uns aber auch nicht vor einer Realität verbergen, die uns einfach nur dazu einladen möchte, unser Licht scheinen zu lassen.

Es ist unser tiefster Wunsch jedem Ereignis in unserem Leben zu erlauben, uns zu den Kunstwerken zu formen, zu denen wir bestimmt sind und die unsere höchste, engelsgleiche Bewusstseinsschwingung zum Ausdruck bringen.

Dafür ist es unerlässlich, dass wir uns aus genau der Egostruktur hinausbewegen, die das Leben am Ende sowieso loslassen muss. Je weniger das Leben in uns aufzulösen hat, desto angenehmer und harmonischer kann sich unser Entwicklungsweg entfalten. Viele Menschen versuchen ihre Egos so schnell wie möglich aufzulösen. Eine solche Ergebnisorientiertheit führt jedoch in der Regel nur dazu, *noch mehr* Muster zu erschaffen, die dann wieder beseitigt werden müssen. Für die Befreiung des Egos ist der weiseste und liebevollste Ansatz immer der Beste.

Die vier Pfeiler der Selbstliebe aus Kapitel 5 können nun das stabile Fundament für unseren tiefsten Akt der Hingabe bilden. Dabei geht es nicht darum, das Ego aufzugeben. Es handelt sich eher um die Bereitschaft, es loszulassen, etwa so, wie ein Schmetterling sich aus einer Raupe entwickelt, wenn er aus seinem Kokon freigesetzt wird. Sobald wir uns vom Ego zur Seele verlagern, bedeutet der Weg der Hingabe, dass wir uns zu öffnen wagen und in das Mysterium des Lebens eintreten. Anstelle uns einen einzigen schicksalshaften Moment der Niederlegung des Egos vorzustellen, kann dieser Prozess über fünf verschiedene aufeinanderfolgende Stufen beschrieben werden.

Die goldene Frage erforschen

Eine der fünf Stufen der Hingabe ist die Goldene Frage. Wie immer, wenn es darum geht, ein derart energetisch verschlüsseltes Thema zu erforschen, geht es nicht darum, eine ›Antwort‹ zu finden, sondern eher ein *Gefühl*. Mit Hilfe von Offenheit, Stille, Gelassenheit und Ausdehnung können wir zuhören, abwägen und über die Weisheit der Goldenen Frage nachsinnen.

Dabei kann die Goldene Frage als tägliche spirituelle Übung genutzt oder punktuell in stressigen Momenten angewendet werden. In welcher Form auch immer wir sie stellen, sie wird uns in unserer Befreiung von der Last der Opferrolle unterstützen, indem wir eine Perspektive bedenken, die nur die Seele haben kann. Die Goldene Frage lädt uns dazu ein, folgendes zu erwägen:

Was geschieht, wenn die schlimmsten Dinge, die mir je zugestoßen sind, die größten Chancen waren, die mir jemals gegeben wurden?

Um diese Weisheit vollständig zu verstehen, müssen wir uns an die primäre Ausrichtung der Seele erinnern. Aus Sicht der Seele ist es wichtiger, offen zu reflektieren und bewusst zu reagieren, als sich als Opfer zu fühlen. Kurz gesagt, solange wir uns der in jedem Augenblick enthaltenen Wohltaten und Wachstumsgelegenheiten nicht bewusst sind und alles mit den Augen des Egos betrachten, nehmen wir automatisch alles aus der Opferrolle beziehungsweise aus der Position des inneren Krieges heraus wahr.

Ob wir die Zeit finden, jeden unserer Umstände auf einer tieferen Ebene zu respektieren, anzuerkennen und von Herzen anzunehmen oder ob wir kraftvolle Entscheidungen treffen, die uns noch stärker in Übereinstimmung mit den vier Pfeilern bringen: jeder Augenblick kann ein wichtiger Schritt vorwärts sein, je nachdem, wie wir uns zu reagieren entschließen.

Wahre Sicherheit finden

Aufgrund unserer Erfahrungen der Vergangenheit ist es ganz natürlich, dass wir uns in der uns umgebenden Welt nicht sicher fühlen. Aus Sicht der Seele jedoch erhalten wir die Geschenke unserer Weiterentwicklung schlichtweg dadurch, dass wir jede schwere Situation durchstehen, egal wie grausam, sinnlos oder auch vollkommen berechtigt sie uns erscheinen mag. Jedes dieser Geschenke ruht schlafend in unserem Energiefeld, wie ein verstecktes Bankkonto, auf dem wir Wohlstand ansammeln. Dabei handelt es sich bei diesem Wohlstand um einen vertieften Erleuchtungszustand. Im Gegensatz zum alten spirituellen Paradigma, das noch davon ausging, dass sich Menschen in einem positiven emotionalen Lebenszustand besonders schnell entwickeln, bietet das neue Paradigma hier eine umfassendere Sicht der Dinge.

Ob wir bewusst oder unbewusst auf diese unerwarteten und

unvermeidbaren Umstände reagieren, der transformative Nutzen wird in uns bereits gespeichert, indem wir die *Erfahrung machen*. Die Kultivierung eines herzbasierten Bewusstseins erlaubt jedoch, dass all diese Geschenke der Vergangenheit und der Zukunft noch vollständiger erkannt und in unser Alltagsleben integriert werden können.

Sind all unsere schlummernden Geschenke erst einmal geweckt und empfangen worden, gibt es kein Thema der Vergangenheit mehr, das aufgelöst werden muss.

Daher betrachtet die Seele Sicherheit als ein Gefühl innerer Freiheit, die aus dem Stolz entspringt, dass wir in den undenkbarsten Momenten unseres Lebens die Kraft zum Überleben hatten. Demgegenüber betrachtet das Ego Sicherheit als ein lang verlorenes Juwel, das ihm durch die Ungerechtigkeit der Ereignisse entrissen worden ist.

Egal, welche Perspektive für uns gerade unserer persönlichen Wahrheit entspricht – wir müssen die Schmerzen, die wir erlitten haben, natürlich nicht lieben. Gleichermaßen aber können wir immer die unendliche Kraft der göttlichen Quelle anerkennen, die uns auch durch unsere dunkelste Stunde wunderbar geleitet hat.

Sobald wir das Bewusstsein haben, über die Ausdehnung der Seele nachdenken zu können, genießen wir weit mehr Sicherheit als wir vielleicht denken. Diejenigen unter uns, die sich noch immer in unsicheren Umständen oder vergifteten Beziehungen befinden, haben vielleicht nicht die Zeit oder die Fähigkeit, ihre spirituelle Entwicklung zu reflektieren. Die reine Tatsache jedoch, dass du hier bist und diese Worte liest, zeigt eine tiefe Sicherheit in dir und bezeugt deine Bereitschaft, deinen höchsten Sieg zu erleben.

Während das Ego glaubt, sich ohne das Gefühl der Sicherheit nicht entwickeln zu können, weiß die Seele, dass wahre Sicherheit keine materielle, sondern eine spirituelle Erfahrung ist. Sie ist das Ergebnis unserer Bereitschaft, uns zu entwickeln. Indem du einfach die Goldene Frage stellst – *Was geschieht, wenn die schlimmsten Dinge, die mir je zugestoßen sind, die größten Gelegenheiten waren, die mir jemals geboten wurden?* – beginnt ein Prozess des inneren Erwachens.

Da das Ego nicht außerhalb des inneren Krieges des Inkubationszustandes existieren kann, kann es diese Frage nur dazu nutzen, um noch mehr mit der Vergangenheit zu hadern. Das Ego kann Augenblicke des Schmerzes und des Unglücks erkennen und sogar vom Intellekt her wissen, dass großer Kummer einen großen Zweck erfüllen kann. Da solche Momente jedoch der Vergangenheit angehören, isoliert sich das Ego in Schuld und Scham und betrachtet diese Gelegenheiten als verpasste Chancen.

Auch wenn unsere schlimmsten Erfahrungen vielleicht schon lange hinter uns liegen, kann der in der Vergangenheit erworbene evolutionäre Gewinn in dem Moment aktiviert werden, da sich unser Herz öffnet. Je öfter wir uns an den vier Pfeilern der Selbstliebe ausrichten, desto einfacher ist es für uns, die kraftvollsten und jederzeit verfügbaren Wahlmöglichkeiten zu erkennen.

Je eher unser Leben zu einer Leinwand wird, auf der sich das Gemälde unserer mutigsten Entscheidungen abbildet, desto schöner kann jeder Moment für uns sein. In der Gegenwart göttlicher Schönheit versorgt uns unsere herzbasierte Ausrichtung auf die göttliche Quelle mit einer Qualität von Sicherheit, Unterstützung und Ermutigung, die kein Mensch, Ort oder Ding uns jemals geben kann. Während das Ego über der Vergangenheit brütet und nur Ereignisse sieht, die so nie hätten passieren dürfen, richtet sich die Seele nach vorne aus und empfindet keinerlei Bedürfnis, zurückzublicken.

Da die Vergangenheit erlebt und vorbei ist, erbittet die Seele stattdessen die Führung und Gnade der Quelle, sie in ihren höchsten Ausdruck zu formen.

Unsere Gefühle fühlen

Ob es sich um die Integration von Bewusstseinserweiterungen handelt, die uns wie eine Heilungskrise erscheinen oder um die Sehnsucht, sich aus dem Inkubationsschlaf des Egos zu befreien – die Entwicklung unserer Seele vollzieht sich in dem Tempo, in dem wir in unserem Wesen herzzentrierter werden. Mehr in unserem Herzen verankert zu sein bedeutet den Mut zur emotionalen Empfänglichkeit zu haben. Damit wir aufnahmefähiger und proaktiver statt kritischer und reaktiver werden können, betont das neue Zeitalter die Wichtigkeit des Fühlens der Gefühle. Je mehr wir mit unseren Emotionen Frieden schließen, desto schneller entdecken wir ein unerschütterliches Sicherheitsgefühl, innerhalb dessen wir frei sein und unser volles Potenzial leben können.

Nur zu oft versucht das Ego, den Emotionen durch alle verschiedenen Ungleichgewichte in den weiblichen und männlichen Energien zu begegnen. Sobald das Ego unausgeglichene männliche Energien hat, grübelt es über jede Empfindung nach, weil es glaubt, ein besseres Verständnis von jedem Gefühl würde sein Unbehagen abschalten. Hat das Ego unausgeglichene weibliche Energien, wird es von seinen Gefühlen überschwemmt, schlägt als Reaktion auf emotionale Auslöser vielleicht um sich und zieht sich in sich selbst zurück. Sind unsere inneren energetischen Polaritäten dagegen ausgeglichen, tritt die Seele hervor, um jede Emotion so zu erleben, dass sie die aus unseren Energiefeldern gesäuberten emotionalen Schlacken wertschätzt und respektiert.

Negative Gefühle geben uns die Gelegenheit, Schichten der Konditionierung aus unserem Feld zu reinigen, die wir ewig lange mit uns herumgetragen haben. Gleichzeitig bestätigt das Aufkommen positiver Gefühle in uns, dass die schlafenden Geschenke der Vergangenheit aktiviert werden. Während wir mit jedem Gefühl Frieden schließen und unseren emotionalen Auslösern erlauben, uns zu einer größeren Kultivierung unserer wahren Natur zu veranlassen, können wir den notwendigen Raum für eine Erweiterung unseres Energiefelds freimachen.

Das bedeutet nicht, dass wir keine Gefühlsausbrüche mehr haben oder nicht mehr von anderen provoziert werden können. Stattdessen werden wir die Erfahrung machen, dass unsere Emotionen immer dauerhafter ausgeglichen sind und wir gleichzeitig das Bewusstsein dafür haben, wie wir fühlen können, ohne zu grübeln, um uns zu schlagen oder uns zu verschließen.

Da der Weg der Hingabe den Prozess darstellt, durch den wir von der Egoebene auf die Seelenebene gelangen können, kann es auf ganz natürliche Weise zu starken emotionalen Bewegungen kommen. Während wir lernen, diese Verlagerung aus der Seelenperspektive zu meistern, wird jede aufsteigende Erinnerung zu einer wichtigen Gelegenheit, die heilige Partnerschaft mit unserer eigenen Herzensreinheit weiter aufzubauen. Dies kann bedeuten, der Elternteil zu sein, den wir immer haben wollten, uns selbst der Freund zu werden, der immer für uns da ist oder so zu unserem Herzen zu sprechen, als wäre es unsere einzige ewige Liebe. Während wir wagen, uns auch unter den furchtbarsten emotionalen Umständen zu öffnen, laden wir die Vollkommenheit der göttlichen Quelle ein, uns zum Wohle aller zu verwandeln.

Wahre emotionale Freiheit

Sich unseren Gefühlen stellen heißt, Empfindungen aus der Seelenperspektive zu erfahren. Aus dieser Perspektive trennt die Seele jede emotionale Reaktion von den Menschen, die sie auszulösen scheinen. Dies ist an sich bereits angewandte Vergebung. Sobald wir unseren Gefühlen ohne Schuldzuweisung Beachtung schenken können, erhält jede Empfindung die ungeteilte Aufmerksamkeit der bedingungslosen Liebe und ermöglicht damit tiefere Heilungsprozesse.

Fast konträr zu der Sicht der Seele kann das Ego nicht fühlen ohne zu urteilen oder Schuldzuweisungen zu machen. Da das Ego eine Sammlung unbewusster Konditionierungen darstellt, kann es Ursache nicht von Wirkung trennen und hält die Natur des persönlichen Leidens aufrecht, indem es sich mit unserem Heilungsprozess identifiziert, anstatt ihn zu transformieren.

Während das Ego als Seele in der Expansionsphase des Tiefschlafs respektiert werden muss, arbeitet es unermüdlich daran, die Qualitäten der Seele *zu imitieren*, die so mühelos an die Oberfläche steigen, wenn wir zu herzbasiertem Bewusstsein erwachen.

Um dein Erwachen zu beginnen oder zu vertiefen, wiederhole die folgenden Worte entweder im Stillen oder sprich sie hörbar aus. Wie immer ist es wichtig, auf die tiefen Gefühle der unendlichen Weisheit des Körpers zu hören, um unser höchstes Wissen zu bestätigen.

Ich akzeptiere, dass meine Rolle in der Ausdehnung meines Energiefeldes, der Heilung meines Körpers und dem Erwachen meines Bewusstseins darin liegt, meine Gefühle von den Menschen zu trennen, die ich für den Grund meiner Empfindungen halte. Anstatt daran zu glauben, dass irgendjemand dafür gesorgt hat, dass ich mich auf eine bestimmte Weise fühle, akzeptiere ich, dass jeder Mensch nur Emotionsmuster in mir zutage bringen kann, die schon immer in mir waren und die nur auf den perfekten Auflösungs-Zeitpunkt gewartet haben. Indem ich jeden Glaubenssatz des Urteilens oder Beschuldigens als ein Nebenprodukt unbewusster Konditionierungen erkenne, unterbreche ich hiermit den Kreislauf von Missbrauch, Märtyrertum und Ko-Abhängigkeit auf allen Ebenen meines Energiefeldes und meiner Realität. Auch wenn es sich für mich so anfühlt, als ob andere Schuld hätten, erkenne ich dies als Denkmuster des Egos, das um meine liebende Aufmerksamkeit bettelt, während es sich auflöst und sich in das Licht meines göttlichen Herzraumes integriert. Weiterhin akzeptiere ich, dass emotionale Schlacken nur deshalb in meinem Energiefeld ruhten, damit ich einen Beitrag zur Schwingungsanhebung der Menschheit leisten kann, indem ich die Emotionen heile, die ich von meiner Familie bekommen habe.

In diesem Wissen erlaube ich allen Energien, Glaubenssätzen, Prägungen, genetischen Abstammungslinien, Ahnenmustern, unbewussten Konditionierungen und zellulären Erinnerungen, die nicht meine sind und nicht zu mir gehören – und die aufzulösen ich geboren wurde – aus meinem Energiefeld gereinigt zu werden, zu ihrer Quelle zurückzukehren und zum Wohle aller vollständig transformiert zu werden. Von nun an gebe ich mich dem Licht meiner höchsten göttlichen Autorität hin und bin fähig, alle Emotionen als Gelegenheit zu begrüßen, meiner Liebe zu erlauben, bedingungsloser zu werden als jemals zuvor.
Ich brauche das Leiden nicht mehr, um wachsen zu können, da ich meine Gefühle nun nicht mehr

mit den mich umgebenden Personen verbinde. Von jetzt an ermögliche ich es anderen nicht länger, ihr eigenes Licht zu ignorieren, indem sie mich respektlos behandeln. Ich akzeptiere das bereits in mir erwachte Bewusstsein, welches basierend auf dem mir entgegengebrachten Verhalten genau weiß, wann es Zeit ist Beziehungen zu verlassen und den Raum für eine höher schwingende Realität zu öffnen.

Mit dieser Deklaration nehme ich meine vollständige und absolute Macht wieder in Besitz, stehe aufrecht, wenn es darum geht, meine höchste Wahrheit zu erkennen und danach zu handeln und gebe mich als lebender Anker herzbasierten Bewusstseins zu erkennen. Und so ist es.

Egal wie überzeugend unsere Wahrnehmungen und Gefühle auch sein mögen – sobald wir die Wahrheit nicht länger als Koppelung von Gefühlen mit Menschen oder Ereignissen betrachten, werden wir fähig, unsere emotionalen Wunden auf Zellebene zu heilen und gleichzeitig der Menschheit dabei zu helfen, durch die Illusion des Getrenntseins hindurchzublicken.

Auch wenn sich die Handlungen gewisser Menschen nicht gut für uns anfühlen, so gibt uns dies entweder die Gelegenheit, unsere Tendenz zur Schuldzuweisung aufzugeben oder aber zu erkennen, dass diese Beziehungen ihren höchsten Zweck erfüllt haben und uns auf unserer zukünftigen Reise nicht mehr nützlich sind. Die Antwort hängt von der Klarheit unseres Bewusstseins ab. Dies lässt sich wiederum daran messen, bei wie vielen Menschen wir dazu neigen, ihnen

Schuld zuzuweisen. Je weniger Menschen wir beschuldigen, desto klarer wird unser Bewusstsein. Selbst wenn es nur noch eine Person gibt, der wir weiterhin Schuld zuschreiben, pausiert unsere Entwicklung so lange, bis diese Überzeugung aufgegeben worden ist. Das ist der Kern wahrer emotionaler Freiheit.

Um dir dabei zu helfen, die Einsichten der Goldenen Frage zu verkörpern, bedenke bitte die Weisheit der folgenden Aussagen oder wiederhole sie laut:

Ich akzeptiere, dass alles hier ist, um mich zu unterstützen – egal wie unangenehm, schmerzhaft, verwirrend oder frustrierend es mir auch erscheint. Durch die Weisheit der Goldenen Frage lasse ich zu, dass die schlimmsten mir jemals zugestoßenen Dinge als die größten Chancen zu Wachstum und Weiterentwicklung angenommen werden, die mir gegeben wurden.

Indem ich die Auswirkung meiner Gefühle von den Menschen trenne, die ich dafür anklage sie ausgelöst zu haben, erlaube ich meinen Emotionen, mit dem ganzen Herzen gefühlt zu werden – als Beitrag zu meinem eigenen Heilungsprozess aber auch zur energetischen Erweiterung aller. Aus dieser Perspektive größerer Sicherheit aktiviere ich die Kraft der wahren Vergebung, indem ich den Menschen um mich herum verzeihe und mich daran erinnere, dass ich niemals das Ziel irgendeines Angriffs war.

Stattdessen bin ich Zeuge der vielen Möglichkeiten, wie die Energie der Quelle durch das Erwachen jeden Herzens zu ihrem wahren Wesen zurückkehrt. Dies vollendet meine erste Phase auf dem Weg der Hingabe und führt mich zu einem aufregenden neuen Kapitel meiner Lebensgeschichte, in dem es nur noch darum geht alles von Herzen anzunehmen und keinerlei Schuld zuzuweisen. Und so bin ich erlöst.

Werfen wir einen Blick auf das, was wir bisher besprochen haben: Das neue Paradigma der spirituellen Evolution stellt eine Erforschung herzzentrierten Bewusstseins dar. Es geht um eine zeitlose Verlagerung vom Ego zur Seelenebene, die dann eintritt, wenn Bewusstheit sich mit Auflösung verbindet, um größere energetische Ausdehnung zu ermöglichen. Zuerst werden wir uns der drei Aktivitäten des Egos bewusst, dann folgt die Entschlossenheit, Licht zu kultivieren, indem wir die Qualitäten der wahren Natur unserer Seele weiter verfeinern. Sobald die Muster des inneren Krieges durch die Handlungen unserer wahren Natur transformiert wurden, kann jeder nur mögliche Feind ein getarnter spiritueller Verbündeter werden.

Wir erkennen dann, dass diese Verbündeten sowohl Meilensteine in unserer spirituellen Entwicklung als auch Muster emotionaler Schlacken darstellen, die wir aus unserem eigenen Energiefeld sowie aus dem der anderen um uns herum beseitigen dürfen. Je mehr wir lernen, durch die Kraft unseres Atems im gleichen Moment zu respektieren, anzuerkennen und von Herzen anzunehmen, bringen wir unsere inneren männlichen und weiblichen Energien ins Gleichgewicht und transformieren damit unsere Konflikte mit anderen Menschen in die Schönheit heiliger Partnerschaften.

Um das Aufblühen unserer heiligen Partnerschaften in uns selbst und unserer Umgebung noch mehr zu fördern, dehnen wir das Licht unserer Seele weiter aus und bringen uns mit den vier Pfeilern der Selbstliebe in Übereinstimmung. Sobald wir bereit sind, gleichermaßen integriert wie auch energetisch ausgedehnt zu sein, löst sich das Ego aus seiner Opferrolle und durchläuft die fünf Phasen der Hingabe. Indem wir mit der Goldenen Frage beginnen, wagen wir es anzunehmen, dass die schlimmsten Momente unseres Lebens einige unserer tiefsten Wachstums- und Erweiterungsgelegenheiten darstellten. Während wir den Mut aufbringen uns in möglichst herzbasierter Weise zu entwickeln, verändern wir nicht nur unsere ganz persönliche Wirklichkeit, sondern tragen zu einer kollektiven Wende bei, durch die die Welt als Einheit erwachen wird.

KAPITEL 7

Die fünf Stufen der Hingabe

Auch wenn das Ego sich weiter mit der Notwendigkeit quält, Kontrolle an die stille und oftmals mystische Kraft des Schicksals abzugeben, stellt das Auf und Ab deiner spirituellen Entwicklung den aufregendsten und lohnendsten Meisterkurs für die Seele dar. Der Grund, aus dem das Ego sich niemals selbst erfolgreich hingeben kann, liegt darin, dass es exakt das ist, was *hingegeben wird*. Während das Ego auf die Hingabe zuarbeitet und dabei das Universum oft aus einer Perspektive von Strafe und Belohnung betrachtet, kann es sich doch nur bis zu dem Punkt annähern, an dem es zugeben muss: »Ich weiß nicht wie«.

Sobald das »Ich weiß nicht wie« angenommen werden kann, zeigt dies die Bereitschaft zur Vertiefung der spirituellen Entwicklung. Wir können das mit der Energie eines Staffelläufers vergleichen, der seinen Staffelstab fühlt und ihn dem nächsten Läufer übergeben muss, um seinen Teil des Laufes abzuschließen. Es ist ein Aufgeben und ein Loslassen. Einräumen, was wir nicht wissen, ist das ultimative Loslassen. Wird diese Erfahrung aus der Egoperspektive gemacht, ist sie allerdings oft von Gefühlen wie Schuld, Scham, Depression oder Wertlosigkeit begleitet.

Während das Ego das Unbekannte als großen Verlust oder Leere ansieht, erfährt die Seele jeden Moment unerwarteten Wandels als das Ende des Altbekannten und den *Anfang* von etwas Neuem.

Sind wir mit unserer Seele in Übereinstimmung, brauchen wir uns nicht über die Aussicht auf Vernichtung, Verlust oder Nicht Wissen freuen, um dem Schicksal der unbegrenzten Möglichkeiten gegenüber offen zu bleiben. Aus Sicht der Seele sind Menschen, Orte und Dinge nur Verkleidungen der Quelle, die genau die benötigten Rollen spielen, um unserem Licht zu helfen, sich offen zu zeigen. Solange wir uns im Ego verlieren, ist das Leben ein anstrengendes Streben nach Vergnügen – mit dem Ziel, Schmerz zu vermeiden. Dabei wird jeder Mensch in seinem Leben für Handlungen beurteilt, die auf einer Realitätsebene jenseits des Konzepts der individuellen Wahlfreiheit orchestriert wurden.

Ob nach einem erlittenen Verlust oder an der Schwelle zu persönlicher Verzweiflung: die Bereitschaft zur Hingabe tritt in den Momenten des »Ich weiß es nicht« ein. Das bedeutet nicht, dass wir uns weigern zu verstehen, uns vor unserer Verantwortung drücken oder die zu uns kommenden Perlen der Einsicht ablehnen. Es ist mehr eine Leichtigkeit der Gelassenheit, aus der wir ehrlich über unseren Schmerz sprechen können, während wir einem Prozess gegenüber offen bleiben, der weit über unsere Überzeugungen von Fairness oder Richtig und Falsch hinaus geht.

Um dich auf die fünf Stufen der Hingabe vorzubereiten, bedenke bitte die Weisheit der folgenden Fragen als eine Möglichkeit, die Schönheit der Worte »Ich weiß es nicht« anzunehmen. Lies wie immer jede Frage entweder leise oder laut, und fühle in die Wahrheit einer erweiterten Perspektive hinein:

Warum sollte ich Dinge wissen müssen, die ich jetzt gerade nicht weiß?

Was wäre, wenn ein tieferes Wissen nichts daran ändert, wie ich mich fühle?

Was wäre, wenn alles genau in dem Moment ins Bewusstsein aufsteigt, an dem es gewusst werden soll?

Bin ich bereit, Dingen, die ich nicht weiß, mehr zu trauen als Dingen, auf deren Wahrheit ich beharre?

Wie wäre dieser Augenblick, wenn ich mir gestatten würde, offen zu sein, ohne die Notwendigkeit, etwas wissen, lösen oder klarstellen zu müssen?

Kann ich erkennen, wie jedes tiefere Wissen, das mir gegeben wird, nur den ständigen Hunger nach noch mehr Wissen nährt?

Wann hat Wissen mich jemals dazu geführt, nicht wissen zu müssen?

Werde ich dem Leben erlauben, alles für mich zu wissen und mir jede Erkenntnis zu seinen eigenen Regeln und Bedingungen zu bringen?

Vielleicht fühlst du als Reaktion auf jede dieser Fragen eine Offenheit und Entspanntheit oder aber eine starke emotionale

Reaktion. Sobald du die Schönheit von »Ich weiß es nicht« aus tiefstem Herzen annehmen kannst, machst du einen ersten Schritt heraus aus dem Gefängnis deiner persönlichen Überzeugungen.

Stufe 1: Das Ende der Selbstaufgabe

Während einige unserer tiefsten Wunden von dem Gefühl herrühren, von anderen verlassen worden zu sein, ist es doch erstaunlich, zu erkennen, wie oft wir uns durch unsere Sicht auf das Leben *selbst* im Stich lassen. Es ist ganz natürlich, im Moment großer emotionaler Betroffenheit Dinge durch die Perspektive der Schuldzuweisung zu sehen, doch jede Stufe der Hingabe bietet uns Zeit und Raum, um uns neu zu sortieren und unsere Sichtweisen zugunsten unseres höchsten evolutionären Nutzens zu öffnen.

Es ist in Ordnung, sich von Menschen falsch behandelt zu fühlen oder von den Umständen traumatisiert zu sein. Dies zeigt uns, dass unsere treue Wächterin, die Wut, uns daran erinnert, wie überwältigt wir gerade von den aktuellen Gegebenheiten sind. Während wir jedes Trauma unweigerlich als Katalysator für unser tiefstes Wachstum nutzen werden, informiert uns die Wut, wann unsere höchste Priorität darin besteht, wie ein treuer Begleiter auf unsere eigenen Erfahrungen zu achten. Wenn die Wogen der Emotion sich wieder zu legen beginnen, können wir uns fragen: »Auch wenn ich mich falsch behandelt fühle, was werde ich jetzt damit tun?« Werden wir es enttäuschenden oder sogar grausamen Erfahrungen erlauben, uns zu unseren mutigsten Entscheidungen und zur Bereitschaft uns weiterzuentwickeln zu inspirieren?

Sehen wir andere als Menschen an, die uns Unrecht getan haben, geben wir uns in diesem Augenblick selbst auf. Statt bei dem Gefühl uns erfüllender tiefer Erschütterung zu bleiben, geben wir möglicherweise dem Bedürfnis nach, uns an unserem Ego auszurichten, indem wir andere anklagen.

Es mag sich instinktiv richtig anfühlen, das Leben danach zu beurteilen, welche unterschiedlichen Gefühle wir durch die Behandlung anderer erfahren. Sobald wir uns jedoch auf die Kultivierung unserer göttlichsten Qualitäten konzentrieren, bestätigt uns der Schmerz oft nur, wie schnell wir uns vom Ego zur Seelenebene verlagern. Aus Sicht der Seele stellt Schmerz den ersten Schritt dafür dar, uns aus der Identität und den Bezugspunkten einer veralteten Realität hinauszubewegen, während wir uns einem ganz neuen Paradigma des Seins zuwenden. Je mehr wir allerdings versuchen, diesen Prozess zu beschleunigen, desto unerträglicher wird er.

Um das quälende Gefühl der Selbstaufgabe zu beenden, betreten wir die erste Stufe der Hingabe, indem wir die folgende Frage stellen:

Sehe ich diesen Augenblick in einer Weise, die mir hilft oder die mich verletzt?

Vom Standpunkt des Egos ist das Leben ein Spiel des ›Ich gegen dich‹ oder ›Wir gegen die Anderen‹. Aus der Seelenperspektive jedoch sind Menschen wie Instrumente, die uns dabei helfen, die Melodie unserer höchsten Schwingung zu entwickeln und zu enthüllen.

Auch wenn die Spannung eines Konflikts Menschen zu entzweien droht, arbeiten wir als Seelen zusammen, um genau die Rollen zu spielen, mit denen wir unsere wahre Ausstrahlung klären, aktivieren und erwecken können. Je mehr wir uns an der Energie der Quelle ausrichten, desto leichter fühlt sich jeder Veränderungsmoment für uns an. Das bedeutet übrigens nicht, dass wir immun gegenüber Enttäuschungen, Herzschmerz oder Frustration werden. Vielmehr sind wir uns bewusst, wie oft das Leben uns die Chance zum Wachsen und Ausdehnen gibt. Unsere Bereitschaft, uns in eine verfeinerte Form dehnen und neu erschaffen zu lassen, ist ein Beweis für die leidenschaftlich-freie Natur unserer Seele.

Dem Ego erscheint die Bereitschaft der Seele, unter dem Druck jedweder Umstände wachsen zu wollen, töricht, kurzsichtig und wahnsinnig. Das hängt damit zusammen, dass das Ego jene Umstände nur mit Besorgnis, Antizipation und Bedauern betrachten kann.

Während dieser Phasen der Inkubation gibt es nur wenig bis keine Einsicht dafür, dass wir die Verantwortung für unsere Sicht der Umstände übernehmen müssen, weil wir oft zu sehr von Verlustschmerz oder der ängstlichen Verzagtheit vor unvermeidliche Veränderungen überwältigt sind.

Auf der ersten Stufe der Hingabe respektieren wir den Ernst unserer Gefühle, erkennen jeden Gedanken, Glaubenssatz und jede Schlussfolgerung als existenzberechtigt an und heißen jede Erfahrung willkommen – egal wie absurd, einseitig oder widerwärtig sie auch erscheint. Das geschieht, indem wir jede Tendenz zur Selbstaufgabe loslassen. Wir konzentrieren uns nur auf die Frage, ob wir uns dadurch die Art und Weise, wie wir unsere Erfahrungen bewerten, selbst unterstützen oder aber verletzen.

Menschen, Ort und Dinge kommen und gehen in ihrem eigenen Rhythmus und Entwicklungsverlauf. Gleichzeitig werden sie als Initiatoren für Veränderungen in unsere Realität gewoben und verschwinden wieder aus ihr. Je bereiter wir sind, uns unerschütterlich selbst emotionale Unterstützung zu geben, desto weniger machen wir die Handlungen anderer zum Anlass unserer Schmerzen.

Stufe 2: Anhaftungen auflösen

Hingabe bedeutet die Bereitschaft sich von etwas zu lösen. Sehr oft verhindern wir den Zustand von Klarheit, Frieden und Freiheit durch unsere *Anhaftung* daran, wie Umstände aussehen oder sich verhalten sollten. Es ist zwar wunderbar, wenn die Unvermeidlichkeiten des Lebens unseren tiefsten Bedürfnissen entsprechen, jedoch begegnen wir den Momenten unseres Lebens nicht in Freiheit, wenn wir es brauchen, dass alles nach unseren Spielregeln läuft.

Solange wir an einem gewünschten Ergebnis festhalten, wird aus unserer Verständnisfähigkeit Streitlust, erschafft unsere Art zu kommunizieren Konflikte und verändert sich Güte in Schuldzuweisung. Wenn sich unsere Anhaftungen jedoch auflösen, sind wir fähig, die Tiefe unserer eigenen Erfahrung vollständig anzunehmen und die Wahrheit der anderen wertzuschätzen, egal wie drastisch sie sich von der unseren unterscheidet.

Im Egozustand bestehen wir darauf, dass die anderen uns Recht geben. Im Seelenzustand gestehen wir jedem zu, gehört zu werden, ohne dass jemand seine Position oder seinen Standpunkt ändern muss.

Um zur nächsten Stufe der Hingabe aufzusteigen ist es wichtig, die drei großen Anhaftungen loszulassen, die uns an das Ego binden. Wir können sie erforschen, indem wir die folgende Frage stellen:

Wovor habe ich Angst es einzugestehen, zu verlieren oder zu gewinnen?

Indem wir uns diese Frage stellen, durchschauen wir die Fassade der Symbolik. Du siehst den Unterschied zwischen dem, wie die Dinge sind, und was sie dir persönlich bedeuten. Ein Apfelkuchen aus dem Laden kann zwar einen ähnlichen Geschmack haben wie der deiner Großmutter, das heißt aber noch lange nicht, dass du beim Hineinbeißen tatsächlich ein Stück vom ihrem Apfelkuchen isst. Wenn wir aus dem Traum der Symbole erwachen, wird allem die Freiheit gegeben zu existieren, ohne das Abbild einer persönlichen Bedeutung zu werden, die vielleicht nur wir allein geschaffen haben.

Beziehungen dienen uns dabei immer als perfektes Beispiel. Auch wenn eine Heirat eine Verpflichtung zwischen zwei Partnern symbolisiert, kann eine Verbindung nur solange aufrechterhalten werden, solange beide dazu bereit sind. Fühlt ein Partner nicht mehr so wie der andere, kann dies eine Veränderung bis hin zum Auflösen dieser Beziehung zur Folge haben – je nachdem, was sie für den jeweiligen Partner symbolisiert. Wenn ein Partner unsere Existenz definiert, was passiert dann, wenn diese Partnerschaft zu Ende geht?

Im Egozustand bröckeln Realitäten, sobald die Symbole sich verändern. Es kann ernüchternd sein zu entdecken, dass etwas, was für uns immer eine bestimmte Bedeutung hatte, für jemand anderen einen ganz anderen Sinn haben kann. Dies führt oft zu großen Frustrationsmomenten, da die Person, die du kanntest und liebtest, sich nun verändert hat – zum Besseren oder Schlechteren. Statt den Verlustschmerz zu respektieren oder den anderen in seinen Veränderungen zu unterstützen, tendieren wir dazu, uns an jedem Symbol festzuklammern, um es intakt zu halten und damit die Verzweiflung eines sich auflösenden Egos zu vermeiden.

Eine Möglichkeit zur Auflösung unserer Anhaftung an Symbole – damit wir der Realität begegnen können, wie sie wirklich ist – ist das Aufhören uns die Dinge erklären zu wollen: Wir können wagen, jeden Augenblick zu erleben, ohne

Schlussfolgerungen daraus zu ziehen. Was, wenn das Ende einer Karriere gar keine Bedrohung unserer Existenz darstellt? Was wäre, wenn die Auflösung einer Beziehung gar nicht das Ende der Liebe bedeutet? Was, wenn ein Vertrauensbruch überhaupt nichts über uns aussagt? Was, wenn die Meinung einer anderen Person gar nichts mit unserem Bild von uns selbst oder anderen zu tun hat?

Im Zentrum der Hingabe erkennen wir, dass wir dazu neigen, Situationen abzulehnen oder Umstände zu leugnen, weil sie unser Selbstverständnis verändern, begrenzen oder verzerren. Wenn wir im Ego verankert sind, kommt und geht unser innerer Wert wie emotionale Wetterphänomene sich ständig verändernder Umstände. Aus Sicht der Seele sind wir nicht ärgerlich, verletzt oder enttäuscht, weil uns dies oder jenes zugestoßen ist, sondern weil wir daraus ableiten, was wir über uns selbst für wahr halten.

Daher fragt die zweite Stufe der Hingabe: *Was habe ich Angst einzugestehen, zu verlieren oder zu gewinnen?*

Um die zweite Stufe der Hingabe noch tiefer zu erforschen, bedenke bitte die Weisheit der folgenden Fragen:

Was habe ich Angst, mir einzugestehen, das – wenn und falls die Dinge sich nicht nach meinen Vorstellungen entwickeln – die Wahrheit über mich sein wird?

Was befürchte ich, könnte wahr über mich sein, das Schamgefühle in mir verursacht und mich dazu bringt in meinem Leben zu überkompensieren, nur um zu beweisen, dass dieser Glaubenssatz falsch ist?

Nur zwischen mir und mir: Was ist meine schmerzlichste Überzeugung über mich selbst?
Welches von den Dingen, die mein Selbstverständnis definieren, fürchte ich am meisten zu verlieren?
Wer wäre ich ohne es?

Sei es Krankheit, Feinde, Schulden oder jede andere Art von Widrigkeit: Was ist das Schlimmste, wovor ich mich fürchte?

Welche Schlussfolgerungen würde ich ziehen, wenn ich es tatsächlich erleben würde?

Wie verändert sich das Leben, wenn ich jede Sache als eigenständige Schöpfung sehen würde und nicht als das, was sie für mich persönlich darstellt oder bedeutet?

Dadurch, dass jeder Mensch, jeder Ort und jedes Ding zu einem lebendigen Ausdruck der göttlichen Quelle wird – anstatt zu einer Reflektion unserer stärksten selbstbegrenzenden Vorstellungen –, sind wir fähig, der Wahrheit unserer Realität zu begegnen, egal, ob diese unseren Bedürfnissen entspricht oder sich gegen uns zu verschwören scheint. Von diesem Raum aus nutzen wir die Handlungen anderer nicht länger zur Selbstkritik. Wir erlauben den schönen wie den unangenehmen Dingen in unserem Leben zu kommen und zu gehen, ohne verzweifelt an etwas festzuhalten.

Stufe 3: Begrenzende Glaubenssätze hinter uns lassen

Als Teil der fünf Stufen der Hingabe möchte die Goldene Frage wissen: *Was wäre, wenn die schlimmsten Dinge, die mir je zugestoßen sind, die größten Chancen waren, die mir jemals geboten wurden?*

Ein so gewaltiger Perspektivenwechsel gibt unseren Erfahrungen genügend Raum zu atmen, da sie nicht mehr von den Interpretationen erdrückt werden, die wir auf sie projizieren. Jedes Mal, wenn wir die Goldene Frage bedenken, hilft sie uns dabei, dem Leben ohne das Bedürfnis zu begegnen, es auf ein geistiges Bild zu beschränken oder in einen gedanklichen Rahmen zwängen zu müssen.

Wenn wir uns mehr nach der Quelle ausrichten, kann das, was für uns in der Vergangenheit wahr war, nun nicht mehr stimmig sein, da die Realität im Zuge ihrer Ausdehnung immer neue Form und Gestalt annimmt.

Ob du und eine andere Person miteinander wachsen oder euch unvermeidlicherweise auseinanderleben werdet: es ist eine zeitlose Reise, die bereits über alle Galaxien hinweg geschrieben wurde. Auf welche Version oder Zeitlinie auch immer wir treffen, hängt einzig und allein davon ab, wie viel Ego bereits aufgelöst wurde und wie profund unsere Seele sich damit ausdehnen kann. Genau deshalb sind andere Menschen auf unserem Seelenweg unsere spirituellen Verbündeten. Egal, ob wir sie im Geiste als Freunde, Gegner, Opfer oder Täter sehen – sie sind in unsere Realität ›geliefert‹ worden, um tiefe Veränderungen in uns anzuregen.

Damit wir – ohne die Wichtigkeit unserer tiefsten Gefühle zu leugnen – aus jeder Begegnung den größten Nutzen ziehen können, wagen wir es, hinter unsere Prägungen und auf unsere stärksten selbstbegrenzenden Glaubenssätze zu blicken.

Um die Wirklichkeit außerhalb der verzerrten Sicht unserer selbstbegrenzenden Glaubenssätze zu erforschen, bedenke bitte die Weisheit der folgenden Fragen:

Welche Glaubenssätze über mich selbst habe ich aufgrund der Handlungen anderer fälschlicherweise in mir entwickelt?

Was war die schmerzhafteste Aussage oder Handlung mir gegenüber, die in mir das Gefühl ausgelöst hat, wertlos, nicht willkommen oder nicht sicher zu sein?

Welche Schlussfolgerungen habe ich aus meiner Vergangenheit gezogen?

Welche Person, welcher Ort oder welches Ding löst in mir die mich am meisten einschränkende Reaktion aus?

Warum haben die Handlungen anderer Menschen die Kraft, über meine Erfahrungen zu bestimmen?

Wie wäre mein Lebe, ohne das Konzept von ›richtig‹ oder ›falsch‹?

Gibt es in mir eine Angst, dass ich ohne den (fälschlicherweise angenommenen) Schutz durch meine selbstbegrenzenden Glaubenssätze eine größere Zielscheibe für Schmerz, Ablehnung oder Schicksalsschläge wäre?

Welche Beweise oder Vorstellungen benutze ich als Rechtfertigung um mich zu verstecken, emotional abzuschotten, zurückzuziehen oder abzuwenden?

Wenn du dich mit diesen Fragen beschäftigst, wirst du ganz natürlich spüren, wie die gefühlte Umklammerung der Anhaftung sich zu lösen beginnt. Hier öffnet die innere Landschaft unseres Energiefeldes den Raum dafür, dass sich die Qualitäten der wahren Natur unserer Seele zeigen können.

Stufe 4: Die Gnade der Erschütterung

Um sich mit der Weisheit und Gnade der Quelle in komplette Übereinstimmung bringen zu können, ist es wichtig, sich ihrer Führung bedingungslos anzuvertrauen. Ob wir unserem Bauchgefühl folgen oder einfach willens sind, uns der Veränderung zu öffnen: je mehr wir unserem eigenen göttlichen Licht vertrauen, desto leichter wird es für die Seele, sich zu erweitern. Selbst wenn die Gegebenheiten unserer Wirklichkeit mit großartiger Präzision in sich zusammenzubrechen scheinen: Vertrauen zu haben bietet uns Gelegenheit zur Erforschung unserer tiefsten Hingabe, indem wir größere Sprünge ins Ungewisse wagen.

Anstatt der Quelle zu vertrauen, egal wie schwer fassbar, unsichtbar und immateriell sie auch zu sein scheint, richten wir uns oft an den Glaubenssätzen, Vorstellungen und Entscheidungen aus, die uns am stärksten begrenzen und die die Qual des emotionalen Schmerzes aufrechterhalten. Wenn es zum Zweck unserer Erweiterung nötig ist, größeren Raum und erweiterte Perspektiven zu forcieren, ist ihm keine Anstrengung zu groß, um jede durch Prägung erzeugte Blockade auseinanderzunehmen, die wir so oft für unser Selbst halten.

Um der Gnade unserer verheerendsten Nöte zu erlauben, uns in Einklang mit der göttlichen Quelle zu bringen – statt unsere stärksten negativen Glaubenssätze zu bestätigen – erforsche bitte anhand der folgenden Frage die vierte Stufe der Hingabe:

Bin ich bereit zutiefst erschüttert zu werden, um die höchste Wahrheit in mir zu enthüllen?

Während Neues zu begehren etwas ganz Natürliches ist, ist das Zulassen, dass das bereits Existierende zur Schaffung neuen Raumes auseinandergenommen wird, ein weitaus schwierigeres Unterfangen. Sicherlich müssen wir nicht an jeder Ecke tiefe Erschütterung erleben, aber sobald wir bereit sind, vollständig unvorbereitet getroffen, entwurzelt, enttäuscht und manchmal sogar betrogen zu werden, bieten wir unserer innersten Wahrheit unser absolutes Vertrauen an.

Solch eine Erschütterung mag unerwartete Veränderungen oder abstoßende Handlungen von Menschen benötigen, die scheinbar ohne einen Funken Reue agieren. Vielleicht müssen wir auf den Verlust unseres Arbeitsplatzes reagieren oder auf eine Scheidung, die Diagnose einer Krankheit oder sogar den Verlust eines geliebten Menschen. All dies geschieht jedoch nicht, um uns zu verletzen, sondern um die Realität des Egos auf den Kopf zu stellen und unsere Bezugspunkte in die Seelenperspektive umzuorientieren.

Jedes Mal, wenn die Gnade der Erschütterung in unsere Realität eintritt, können wir entweder die Unwahrheit unserer begrenzenden Glaubenssätze weiter festigen oder diesen Überzeugungen erlauben dahinzuschmelzen, indem wir durch das Feuer unserer größten Katastrophen gehen.

Wahrscheinlich wissen wir nicht einmal, warum die Dinge passieren oder wohin uns dies alles führt. Damit jedoch die Seele den Weg weisen kann, muss das Ego so durchgeschüttelt werden, dass es seinen eisernen Kontroll-Griff lockert. Je mehr wir bereit sind, uns mit der Quelle in Übereinstimmung zu bringen, dem Geschenk unserer Entwicklung zu vertrauen und Katastrophen anzunehmen ohne Schwierigkeiten als Wachstumshilfe zu benötigen, desto leichter werden sich alle Aspekte des Lebens von innen nach außen verändern.

Aus dieser Perspektive entwickeln wir dauerhafte, heilige Partnerschaften, in denen zwei Menschen miteinander verschmelzen und harmonieren können, ohne dass ständig emotionale Auslöser, begrenzende Glaubenssätze oder konditionierte Verhaltensmuster ihre Herzen voneinander trennen.

Stufe 5: Widrigkeiten annehmen

Wir besitzen die Freiheit, uns gegenseitig als Ausdrucksformen unserer eigenen Göttlichkeit zu begegnen. Wenn wir dies entdecken, finden wir die Sicherheit, den Trost und den Mut emotional offen zu bleiben – sogar dann, wenn Schmerz und Panik uns anflehen wegzulaufen, uns zurückzuziehen, innerlich zu kündigen oder komplett zuzumachen.

Egal, wie gefühllos, unerträglich und unschaffbar das Leben erscheint: Wenn tatsächlich alles zu unserer Unterstützung da ist, gelingt es unserem unerschütterlichen Glauben an unsere höchste Wahrheit *immer* uns nach Hause zu bringen, wie orientierungslos auch immer wir für eine bestimmte Zeit sein mögen. Aus Sicht des Egos jedoch bestätigt die Schwere der Widrigkeiten, dass, nachdem die Dinge scheinbar nicht in Ordnung sind, sie auch weiterhin nicht in Ordnung sein werden. Allein das Ego sagt Nein zu dem Schmerz und der Verzweiflung unserer unvermeidbaren Verluste.

Aus der Seelenperspektive jedoch muss keine Situation sich anders anfühlen oder anders sein, als sie sich entfalten will. Das hängt damit zusammen, dass die Seele das ureigene Vertrauen ist, das in der Einheit der göttlichen Quelle existiert und das immer mehr zu einer instinktiven Erfahrung wird, je mehr sich dein Prozess der Hingabe vertieft.

Während die Wahrheit der göttlichen Quelle immer präsent und unendlich ist, kann jede fassbare Form, auch die des Egos, nur in einer zeitlichen Dimension existieren. Wenn etwas also in der Zeit existiert, ist es zwangsläufig Veränderungen unterworfen. Kein Verlust oder Schmerz kann wirklich für immer andauern. Jedoch wird er mit allen Mitteln an der Auflösung des Egos arbeiten, damit es loslassen kann.

Um eine andere überholte Überzeugung des alten spirituellen Paradigmas klarzustellen: Du bist nicht derjenige, der Dinge loslässt. Du bist derjenige, *der losgelassen wird.*

Sobald das Ego von den unvermeidbaren Stürmen der Veränderung aufgelöst worden ist, heißt ein neu geschaffener Raum in uns neue Erfahrungen und erweiterte Perspektiven für unsere Realität willkommen.

Um den Entwicklungsprozess deiner Seele nach vorne zu bringen, ist es unerlässlich, den nächsten Sprung auf die fünfte Stufe einer von Herzen gefühlten und tiefen Hingabe zu machen. Dies geschieht, indem du die folgende Frage bedenkst:

Wie kann ich die Widrigkeiten in meinem Leben liebevoller, unterstützender und weiser betrachten?

Allein dadurch, dass wir diese Frage in Betracht ziehen, richten wir uns an der Seele aus, da wir die Bedürfnisse unserer Erfahrung erfüllen. Sobald wir die selbstbegrenzenden Glaubenssätze erkennen, die uns so sehr zurückgehalten haben, können wir die Kraft des sich stetig erweiternden Bewusstseins nutzen, um Sichtweisen zu erwägen, die unserer unschuldigen Natur Unterstützung geben, anstatt sie zu untergraben.

Um Widrigkeiten als Tor zur fünften Stufe der Hingabe zu nutzen, bedenke bitte die Weisheit der folgenden Fragen:

Wie wäre das Leben, wenn wir nicht an Bestrafung glauben würden und so alles eine Belohnung darstellt?

Bestraft mich mein Leben wirklich oder bekomme ich nur nicht das, was ich will?

Könnte es ein verstecktes Geschenk an mich sein, wenn ich für eine gewisse Zeit nicht das bekomme, was ich mir wünsche?

Was wäre, wenn meine inneren Kämpfe meine Beziehungen und Realitäten transformieren und höhere

Ebenen von Intimität und Erfüllung erschaffen würden?

Welche meiner Eigenschaften werden veredelt, wenn Widrigkeiten auftreten?

Ist es möglich, dass ich dazu bestimmt bin, all diese Widrigkeiten nur deshalb zu überleben, um mich in all meiner Pracht, Kraft und Herrlichkeit wahrnehmen zu können?

Wenn wir das Gelöbnis der Selbstaufgabe aufgeben und es dem Würgegriff der Anhaftung erlauben sich zu lösen, gestatten wir uns, jeden Augenblick außerhalb von begrenzenden Glaubenssätzen gefärbter Wahrnehmung zu erleben – egal, wie viel tiefer Erschütterung oder Widrigkeiten wir noch begegnen sollen. Aus diesem Raum erlauben wir dem alten Paradigma unserer Realität, sich selbst zu entflammen, so dass der innere Phönix unseres Engelspotenzials siegreich aus der Asche aufsteigen kann.

Um dabei die Erkenntnisse der fünf Stufen der Hingabe verkörpern zu helfen, bedenke bitte die Weisheit der folgenden Aussagen oder wiederhole sie laut:

Ich akzeptiere, dass meine Verlagerung vom Egozustand zur Seelenebene durch meine zutiefst empfundene Hingabe geschieht. Statt jeden meiner Umstände und alle Menschen in meinem Leben für die Erweiterungen anzuklagen, die sie in mir fördern, verzichte ich auf jegliche Verteidigung. So kann ich akzeptieren, dass alles nur zu meiner Unterstützung da ist.

Dies geschieht, indem ich jeden Augenblick in einer Weise betrachte, mir hilft anstatt mich zu verletzen; indem ich den Mut finde, zuzugeben, was ich zu gestehen, zu verlieren oder zu gewinnen fürchte; indem ich bedenke, dass die schlimmsten Vorkommnisse meines Lebens meine größten Entwicklungsmöglichkeiten waren und indem ich meine tiefste Wahrheit von Herzen annehme, auch wenn dies bedeuten sollte, tief erschüttert zu werden – während ich jeden Moment der Veränderung so liebevoll, unterstützend und weise wie möglich betrachte.

Aus dieser Perspektive tiefempfundener Hingabe bin ich in der Lage, alle Dinge als einzigartige Ausdrucksformen der göttlichen Quelle wertzuschätzen, so dass das Leben Höhen und Tiefen haben kann, ohne dass mein Selbstwert davon erschüttert wird. Dabei erhöhe ich meine Schwingung und hebe gleichzeitig das menschliche Bewusstsein zum Wohle aller an. Und so werde ich befreit.

Ganz gleich, ob wir mehr Erleichterung, inneren Frieden und Harmonie als je zuvor fühlen oder ob wir uns immer noch auf dem Weg durch die Integration der einzelnen Phasen befinden:

Es ist unsere Bereitschaft, uns dem Leben zu genau seinen Bedingungen hinzugeben, die die Schönheit, Kraft und Vollkommenheit unseres höchsten Potenzials manifestiert. Vielleicht scheint für den einen am Ende des Tunnels ein helleres Licht aufzutauchen, während für den anderen die Dunkelheit einfach zu groß ist, als dass eine einzige Person sie ertragen könnte. In beiden Fällen gibt es immer einen tieferen Grund dafür, warum die Dinge zur Erfüllung der Mission geschehen, zu deren Vollendung du auf die Erde gekommen bist.

KAPITEL 8

Deine Mission erfüllen

Während wir durch die fünf Stufen der Hingabe gehen, können wir die wundersame Tiefe unserer Entwicklungsreise aus Sicht der Seele erleben. Indem wir uns einem größeren kosmischen Plan hingeben, beginnen wir unseren ewigen Platz im Kosmos zu finden – als lebendiger Ausdruck der göttlichen Quelle, die sich zur Erfüllung einer wichtigen Mission inkarniert hat. Diese Mission umfasst die Vollendung unserer Heilungsreise als unseren ganz persönlichen Beitrag zur Veränderung des kollektiven Bewusstseins der Menschheit. Auch wenn wir nur eine einzelne Person in einem individuellen Entwicklungsprozess zu sein scheinen, werden die Themen, mit denen wir konfrontiert sind und die Konflikte, die wir letztendlich auflösen, zu den eigentlichen Geschenken einer erneuerten Freiheit, die die Welt in unserer Gegenwart empfängt. Kurz gesagt, was wir *in uns selbst* heilen, transformieren wir *in allen*. Gleichermaßen werden die Schichten der von uns bereits geheilten emotionalen Schlacken zu genau den Themen, die andere in unserer Gegenwart transformieren können.

Vielleicht stärker in der Liebe verankert als jemals zuvor, können wir uns weiterhin am Erwachen der Menschheit beteiligen, indem wir die geheimnisvolle Gnade der göttlichen Quelle dazu einladen, uns in unserem Heilungsprozess weiter zu unterstützen. Während viele Menschen sich danach sehnen, die anfänglichen Phasen seelischer Erweiterung zu überspringen, indem sie geradewegs zum Auflösen physischer Schmerzen oder emotionalen Unbehagens übergehen wollen, ist unser Heilungsprozess nicht unbedingt immer in dieser Reihenfolge gedacht. Sind wir erst einmal fähig, uns mit dem Universum zu seinen genauen Bedingungen in Einklang zu bringen, kultivieren wir eine so tiefe Reife und Bereitschaft, dass ein derartiger Heilungsverlauf möglich wird.

Wie in vorherigen Kapiteln bereits erwähnt, sind die Symptome, die in uns den Wunsch nach spiritueller Entwicklung auslösen, oft bereits Zeichen einsetzender Heilung. Das bedeutet, dass jeder Schmerz und jede Schicht des Unwohlseins Anzeichen einer bereits stattfindenden energetischen und emotionalen Veränderung sind. Wenn wir darauf vertrauen, dass das Universum uns immer dabei unterstützt, uns zu unserer eigentlichen Bestimmung, der höchsten göttlichen Vollkommenheit, hin zu entwickeln, können wir uns in unseren Entwicklungsprozess hinein entspannen, statt unsere Erfahrungen in jedem Detail angestrengt kontrollieren zu müssen.

Jede Erfahrung ist so vorgesehen, dass sie uns dabei hilft, uns in der für uns effizientesten Zeitspanne zu erweitern. Würde es langsamer gehen, würden wir so viel mehr Zeit benötigen, uns durch die schwierigen Kapitel unserer Entwicklungsgeschichte zu arbeiten und damit auch längere Phasen des Leidens aushalten müssen.

Die vier Anzeichen der Transformation

Da die göttliche Quelle all-wissend und all-liebend ist, sehnt sie sich danach, uns in der wirksamsten Weise durch alle Phasen des Wachstums und der Ausdehnung zu schicken. Geschieht eine Transformation sehr schnell, kann die Veränderung durch eines von vier spürbaren Anzeichen wahrgenommen werden. Jedes dieser Anzeichen gibt uns die Bestätigung, dass unser Heilungsprozess bereits in Gange ist, während die Gnade der Realität uns durch jede Phase so effizient hindurchleitet, wie wir es uns selbst zugestehen können. Die vier Anzeichen der Transformation sind Frustration, Verwirrung, Langeweile und Einsamkeit. Jedes dieser Anzeichen der Seele zu erkennen hilft, wie kraftvoll eine sich von innen nach außen vollziehende Entwicklung ist. Gleichzeitig stellt jeder dieser Aspekte auch die Erfahrungen dar, die das Ego zu leugnen oder als zu transzendierende spirituelle Reise zu benutzen versucht. Wahre Transzendenz bedeutet, eine Entwicklung bis zur Vollendung zu gehen und dabei Frieden mit Frustration, Verwirrung, Langeweile und Einsamkeit zu schließen, da diese uns lediglich als Bestätigung für die hohe Geschwindigkeit unserer Erweiterung dienen.

Um jedes der vier Anzeichen der Transformation zutiefst anzunehmen, bedenke bitte die Weisheit der folgenden Fragen:

Was wäre, wenn Frustration, Verwirrung, Langeweile und Einsamkeit überhaupt keine Blockaden sind?

Was wäre, wenn Gefühle dieser Art nur die Feinde eines sich auflösenden Egos sind?

Was wäre, wenn jedes Gefühl nur so überwältigend oder belastend ist, wie mein Bedürfnis dieses Unbehagen zu vermeiden?

Wie verändern sich Frustration, Verwirrung, Langeweile und Einsamkeit, wenn ich sie als Verbündete meiner Entwicklung betrachte?

Was wäre, wenn die Frustration, Verwirrung, Langeweile und Einsamkeit, die ich erlebe, über ihre Funktion als Anzeichen von Transformation hinaus gar nicht meine eigenen Gefühle wären, sondern Muster der Menschheit, die ich für alle heile?

Vom persönlichen zum allumfassenden Blick

Das Ego sieht Heilung oft als persönliche Strafe, die es überwinden muss oder als eine zu erduldende Härte des Schicksals. Die Seele jedoch betrachtet die Erweiterung des Individuums als Beitrag zur Transformation des Kollektivs. Wenn jede Erfahrung, die wir in uns selbst heilen, eine Schicht emotionaler Schlacken darstellt, die über die ganze Welt hinweg umgewandelt wird, war die aufzulösende Konditionierung vielleicht von Anfang an gar nicht unsere eigene.

Aus Sicht des Egos erhält jede Erfahrungsfacette unser inneres Bezugssystem von Identität und Eigentum aufrecht. Solange Erfahrungen in *unsere* versus *ihre* unterschieden werden, bleiben wir von der Quelle getrennt und unfähig, die Wunden zu heilen, die unser Licht zum Leuchten inspirieren. Die Wahrheit ist, dass wir persönliche Erfahrungen machen, um unsere nie endende Ausdehnung zu leben und die Welt zu verändern, die sich uns präsentiert. Wie in den vorherigen Kapiteln beschrieben, hat es lediglich den Anschein, als gäbe es eine Welt, die der Heilung bedarf – sozusagen als interaktiver Lehrplan für Engel in der Ausbildung.

Je weiter sich unserer Seele ausdehnt, desto engelsgleicher werden wir, während wir durch jede Stufe der Meisterschaft auf unserem menschlichen Abenteuer voranschreiten. Umso mehr Zeit wir damit verbringen, uns in der Weisheit unserer

Seele zu verwurzeln, desto stärker erscheint uns unser Erdenreich wie eine himmlische Engels-Universität. Wenn wir uns jedoch im Egozustand befinden, fühlt sich unser Erdendasein eher wie eine Existenz auf niedriger Ebene an, in der wir uns nach dem Himmel strecken und darauf hoffen, von schwer fassbaren höheren Mächten gerettet zu werden.

Auf unserer Entwicklungsreise vom Ego zur Seele erlangen wir dadurch immer höhere Qualifikationen in unserem Engelstraining, dass wir die Qualen des Planeten durch die Kraft herzbasierten Bewusstseins transformieren. Dies tun wir, indem wir unserer Anhaftungen an den Besitz von Erfahrungen und die Identifikation mit ihnen aufgeben. So können wir genau die Themen heilen, die die Welt dazu inspirieren, aufzuwachen.

Die Realität unserer persönlichen Erfahrungen soll hier nicht geleugnet werden. Sie dienen als Chancen, Raum in unserem Energiefeld freizumachen und damit eine höhere spirituelle Wirklichkeit dazu einzuladen, sich zu zeigen.

Eine neue Sicht auf Karma

Was wäre, wenn die schwierigen Momente unseres Lebens nicht einfach individuelles Karma wären, sondern Aspekte des Kollektiven, die wir zum Wohle aller verändern?

Was wäre, wenn das Konzept individuellen Karmas nur der unbewussten Neigung entspricht, sich mit den Schichten emotionaler Schlacken zu identifizieren, die unser Energiefeld in allen Menschen umwandelt, denen wir begegnen?

Was wäre, wenn all unsere gegenwärtigen Symptome, Krankheiten, oder Konditionierungsmuster genau den Schichten entsprechen, die wir zum Wohle zukünftiger Generationen heilen dürfen?

Was wäre, wenn die Erkenntnis, dass nichts von unseren Gefühlen irgendetwas mit uns zu tun hat, der Weg ist, wie wir Menschheitskarma auflösen, das solange in unseren Energiefeldern gespeichert ist, bis wir zu dieser Einsicht gelangen?

In dem Moment, wo wir uns der Möglichkeit öffnen, dass schwierige Erfahrungen nicht unsere eigenen sind, sondern ein Beitrag in Richtung einer höher entwickelten Menschheit, beginnen wir unsere Energiefelder zu entlasten. Mit diesem inneren Abstand der Klarheit können wir all das loslassen, was eh nie ein Beweis dafür war, was oder wer wir sind. So können wir die Freude der Befreiung erleben, weit bevor das Kollektive sie uns widerspiegelt.

Das Kollektive verändert sich dann, wenn ein Wendepunkt im Bewusstsein erreicht ist. Da unsere lebenslange Reise des Heilwerdens zu einem höherschwingenden Ausschlag der kollektiven Waage beiträgt, können wir weiterhin die Menschen in unserer Nähe aufrichten, ohne von ihrer emotionalen Dichte belastet zu werden.

Wenn das, was wir fühlen, von uns gar nicht kontrolliert werden muss, sondern eine kontinuierliche Möglichkeit darstellt globale Dichte aufzulösen, werden wir zu den Pionieren einer ganz neuen und höher entwickelten Realität. Im Rahmen dieser Entfaltung lenken wir unser Licht frei und anstrengungslos in alle Richtungen, um anderen unschuldigen Herzen dabei zu helfen ihren Weg nach Hause zu finden.

Je bewusster wir uns werden, dass unser Energiefeld ein Katalysator für Heilung und Aktivierung ist, desto mehr richten wir uns an der Quelle aus und integrieren damit das Licht unserer Seele in die physische Form. Wenn sich das Ego mit ›meinem Schmerz‹ oder ›meiner Heilungsreise‹ identifiziert, bleibt es blockiert und schwer auszuhalten. Dies geschieht so lange, wie es Erfahrungen durch den Glauben verhaftet bleibt, dass sie seine eigenen sind. Wenn allerdings ›mein Schmerz‹ zu den ›Schmerzen aller Menschen‹ und ›mein Heilungsprozess‹ zum ›Heilungsprozess aller Menschen‹ wird, kommt es zu einer tiefen Bewusstseinsveränderung. Aus dieser Perspektive beginnen wir damit, das himmlische Licht in allen Dingen wahrzunehmen – das Licht, das genau als die Erfahrungen Form annimmt, die uns zur Erreichung der nächsten Stufe unseres Engelstrainings dienen.

Empathische Reinkarnation

Ein Empathiker ist ein energetisch sensibler Mensch, der so sehr mit seiner Seele in Übereinstimmung ist, dass er die Emotionen derjenigen fühlen kann, deren Energiefeld er reinigt. Ein Mensch mit einer Opferhaltung ist ein Empathiker in Ausbildung, der ebenfalls Energiefelder von anderen klärt und aktiviert, jedoch ohne sich dabei seines leibhaftigen Beitrags zum großen Ganzen bewusst zu sein.

Unabhängig davon, wie die Welt wahrgenommen wird, wir haben es grundsätzlich mit zwei sehr unterschiedlichen Gruppen von Empathikern zu tun. Da gibt es diejenigen, die von ihren empathischen Fähigkeiten wissen, aber keine Ahnung haben, wie sie diese angeborenen Gaben in voll einsetzbare intuitive Fähigkeiten verwandeln können. Daneben gibt es die Empathiker, die sich dieser Fähigkeiten noch nicht bewusst sind und dazu tendieren, ihren Entwicklungsprozess durch die Brille von Schuldzuweisung und Bewertung zu betrachten.

Solange wir uns unserer empathischen Fähigkeiten und energetischen Sensibilität nicht gewahr sind, neigt unser Energiefeld dazu, die in anderen gelösten Konditionierungen als zusätzliche Schichten dem Geflecht der eigenen Identität hinzuzufügen. Je mehr wir uns jedoch über unsere empathischen Fähigkeiten klar werden, desto mehr sind wir mit unseren aufkommenden Emotionen im Reinen – und desto leichter ist es für uns, alle Schichten emotionaler Schlacken aufzulösen.

Je mehr wir uns an unserer Seele ausrichten, desto leichter ist es andere aufzurichten, ohne ihre Konditionierungen zu übernehmen oder unbewusstes Verhalten auszuagieren.

Je länger wir jedoch im Egozustand stagnieren, desto wahrscheinlicher werden wir von der Welt überwältigt, die wir nur durch unsere eigene Weiterentwicklung verändern können.

Dies bedeutet nicht, dass die Welt leidet, weil wir noch so viel in uns zu heilen haben. Im Gegenteil: je mehr unser Heilungsprozess von der Weisheit unserer Seele geleitet wird, desto mehr erwacht die Welt.

Sobald wir das Missverständnis in Bezug auf die Empathie verstehen, lassen unsere Erfahrungen das Konzept der Reinkarnation in einem ganz neuen Licht erscheinen. Nach dem alten Paradigma bedeutet Reinkarnation die Überzeugung, dass wir als Seelen bereits vor unserem jetzigen Leben eine Vielzahl anderer Leben gelebt haben. Es stimmt, dass eine Seele viele Lebenszeiten aus verschiedenen Perspektiven durchlebt hat und durchleben wird. Damit neigt sie dazu, dem Ego eine Menge Stoff zu geben, den es durcharbeiten, organisieren und auseinanderhalten muss. Letzten Endes entsteht hier die Munition dafür, uns selbst und andere für die in früheren Leben begangenen Taten zu verurteilen und damit unsere stärksten selbstbegrenzenden Glaubenssätze und unbewussten Verhaltensmuster zu rechtfertigen.

Die Seele leugnet nicht die Realität der Reinkarnation, sieht sie jedoch ganz klar aus einem erweiterten Blickwinkel. Aus dieser Sicht wird das, was wir als unsere eigenen vergangenen Leben erleben, nun zu Themen, die wir uns in neuem Licht bewusst ansehen und zu deren Lösung für die Welt wir uns inkarniert haben. Hat das Ego eine spirituelle Identität angenommen, macht es sich oft die Erinnerungen zu eigen, die wie eine Landkarte vergangener Schmerzen und Fehltritte in unserem Energiefeld sitzen. Um seinen unbewussten Zustand aufrecht zu erhalten, sucht es – wenn es nicht von seiner gegenwärtigen persönlichen Identität ernährt wird – für gewöhnlich in anderen Leben nach weiteren Erfahrungen, die es sich zu eigen machen kann.

Da wir alle Eins sind, fühlen sich Erinnerungen, die wir durch Ahnenlinien und Generationen hindurch auflösen, wenn sie in unserem Erleben an die Oberfläche kommen, oft so real an, als ob wir sie erfahren hätten. Unsere Erinnerungen können Visionen von Erfahrungen aus anderen Zeiten beinhalten, die in uns das Gefühl auslösen, als wären wir dort gewesen. Das soll nicht heißen, dass wir nicht dort waren, denn sobald solche Erinnerungen an die Oberfläche kommen, erleben wir sie als real.

Die Transformation, die sich im Moment der Rückbesinnung auf die Vergangenheit vollzieht, ist unsere Fähigkeit, die tief sitzenden emotionalen Erinnerungen abzurufen, die wir in unserem Energiefeld haben. Sobald jede Erinnerung ins Bewusstsein aufsteigt, ohne im Sog des Identitätsdenkens hängenzubleiben, wird sie zum Wohle der Menschheit aus unserem Energiefeld entlassen.

Dabei bleibt die Frage bestehen, ob wir Erinnerungen im Rahmen eines Heilungsprozesses entlassen, die sich auf Dinge beziehen, die uns in vergangenen Leben *tatsächlich* zugestoßen sind oder ob es *sich nur so anfühlt* wie ein vorheriges Leben, wenn wir die Erinnerungen unserer Ahnenlinien zugunsten der Weiterentwicklung des großen Ganzen auflösen. Auch wenn man darüber lange diskutieren könnte, wird die Antwort klarer, wenn wir untersuchen, welche dieser Sichtweisen das Beibehalten einer Egostruktur fördert und welche mit einem herzbasierten Bewusstsein übereinstimmt.

Es ist nicht falsch, vergangene Leben zu kennen und die Weisheit der verschiedenen Archetypen und Erzählstränge zusammenzutragen, die jede Erinnerung enthält. Allerdings ist es für das Ego verlockend, solche Visionen als sein Eigentum zu beanspruchen, um seine Identitätsstruktur damit zu verstärken und zu vergrößern. Da die Seele eine willige Teilnehmerin in der Entwicklung der Menschheit ist, respektiert sie, wie bedeutsam sich jedes vergangene Leben anfühlt und akzeptiert sogar die Vorstellung, dass jede Erinnerung ein direkter Rückblick auf die Mysterien der Vergangenheit ist. Genauso können wir jedoch, indem jede Erinnerung geklärt wird, in unserer Entwicklung voranschreiten, ohne emotionales Gepäck mitschleppen zu müssen. Aus Sicht der Seele sind Anhaftungen an vergangene Leben lediglich Anzeichen dafür, dass die Heilung noch nicht abgeschlossen ist. Heilung geschieht ganz klar durch die Integration des Egos. Daher erhält der Versuch, unsere persönlichen vergangenen Leben zu heilen, Objekte der Erinnerung aufrecht, die das Ego in Besitz nimmt.

Versuchen wir also unsere Heilung in einer derart kontraproduktiven Art und Weise anzugehen, nähren wir genau die Egostruktur, die wir eigentlich auflösen sollten. Da unsere Einstellung darüber entscheidet, ob wir mehr Zeit darauf verwenden, das Ego zu stärken oder uns auf die Seele auszurichten, liegt die Macht bei uns, an der Auflösung unserer uns am stärksten begrenzenden Erfahrungen mitzuwirken.

Damit das Konzept vergangener Leben dazu beitragen kann das Ego aufzulösen und sich mit der Vollkommenheit der Seele in Harmonie zu bringen, bedenke bitte die Weisheit der folgenden Fragen:

Was wäre, wenn ich von der Vergangenheit lernen kann, ohne zu glauben, dass sie mir persönlich zugestoßen ist?

Was wäre, wenn es sich nur so anfühlt, als ob ich sie erlebt hätte, damit ich eine persönliche Erfahrung der Muster machen kann, die ich für die ganze Menschheit auflösen soll?

Anstatt mich auf die Lebensgeschichte jeder vergangenen Existenz zu konzentrieren – was sind die Themen, die der Protagonist während meiner Visionen lernt?

Welche neu inspirierten Entscheidungen kann ich in meiner gegenwärtigen Realität zu treffen beginnen, die diese Personen in der Vergangenheit nicht treffen konnten?

Wie kann ich meine Vergangenheit heilen und lernen, aus einer mutigeren und bewussteren Perspektive heraus zu handeln, statt jede Erinnerung dazu zu benutzen, Argumente gegen mich selbst, andere oder sogar die Quelle zu sammeln?

Während wir uns auf der Seelenebene weiter entwickeln, lernen wir, das Beste aus unserem gegenwärtigen Leben zu machen und genießen die Geschenke der sich uns bietenden Erfahrungen. Ob diese sich als Erinnerungen an weit entfernte Zivilisationen oder als Botschaften von einem galaktischen, Lichtjahre entfernten Nachbarstern äußern – jede einzelne Erfahrung bietet uns einen tieferen Einblick in die vollkommene Kunstfertigkeit und die unbegrenzte Kapazität unseres Bewusstseins, das als unzählige zu entdeckende Welten Form und Gestalt annimmt.

Ein größeres kosmisches Bild zu erkennen bedeutet, sich der Reinheit unseres Beitrags zu dieser Welt bewusst zu werden, auch wenn es ein ganzes Leben brauchen sollte, dies zu bemerken, anzuerkennen und willkommen zu heißen. Solange wir nicht in der Lage sind, über die Perspektive persönlicher Konflikte hinauszublicken, übersehen wir die Vollkommenheit unserer Existenz, die besagt, dass all unsere Gebete dazu bestimmt sind, durch das himmlische Licht sich inkarnierender Seelen erhört zu werden.

Es gibt keinen Zweifel, dass wir als Seelen eine Vielzahl von Erfahrungen in vielen Dimensionen ausleben. Ob wir sie simultan in verschiedenen parallelen Universen stattfinden sehen oder es so empfinden, dass sie sich eher in linearer Reihenfolge entfalten – es ist wesentlich, dass wir uns an den Einsichten orientieren, die uns weiter in die Vollkommenheit der Seele führen. Dies geschieht nicht um das Ego zu verurteilen oder zu bestrafen, sondern um ihm die Überzeugungen und Standpunkte zu entwinden, die es benutzt, um seine selbsterfüllenden Prophezeiungen ewiger Leiden aufrecht zu erhalten. Da wir inkarniert sind um das Ego nach Hause zur Quelle zu bringen, muss jeder Moment der Verwirklichung und des Perspektivenwechsels mit äußerster Wertschätzung und Mitgefühl angenommen werden. Dies erlaubt es dem Ego, das seine Auflösung kommen fühlt, zu sehen, dass es in Wirklichkeit gerettet wird.

Aus der Vollkommenheit geboren

Wenn es so ist, dass wir aus der Quelle der Vollkommenheit stammen, dann sind wir als die Vollkommenheit der Quelle geboren. Sobald wir unsere menschlichen Qualitäten als Ausdruck des Göttlichen annehmen können, sehen wir uns selbst nicht länger als Individuen, die mit den Überresten vergangener Leben kämpfen, sondern als Menschen, die Erinnerungen für vergangene Ahnenlinien in der ganzen Welt heilen. Wenn jede Schicht, die bereinigt wird, nicht notwendigerweise unsere eigene ist, geben wir die Erlaubnis, alles zu heilen, zu dessen Lösung wir geboren wurden. Ganz gleich, wie nachdrücklich das Ego darauf beharrt: wenn wir denken, dass alle Erinnerungen unsere eigenen sind, bekommen wir mehr Zeit zugestanden um diese Überzeugungen zu prüfen.

Um dich an die deiner wahren Natur innewohnende Vollkommenheit zu erinnern, bedenke bitte die Weisheit der folgenden Fragen:

Wann habe ich mich zum ersten Mal geringer als göttliche Vollkommenheit gefühlt?

Hat mich jemand beurteilt, kritisiert oder zurückgewiesen, so dass ich glaubte, nicht die Schönheit, Kraft und Vollkommenheit des Universums zu sein?

Gab es eine Zeit, in der ich mein Licht unter den Scheffel gestellt und dabei gehofft habe, dass, wenn ich mehr wie andere bin, ich auch mehr von ihnen geliebt werde?

Kann ich akzeptieren, dass alles, was ich als belastende Energie um andere Menschen herum wahrnehme, emotionale Schlacken sind, die mein Energiefeld gerade ablöst?

Wie würde sich mein Leben verändern, wenn ich negative Gefühle nicht als meine eigenen bzw. als etwas, das mit mir zu tun hat, interpretieren würde, sondern sie viel mehr als meinen Beitrag zu einer erwachenden Menschheit sehen könnte?

Manchmal können wir zwar im Geiste die Vorstellung annehmen, die Vollkommenheit der Energie der Quelle zu sein, es aber scheinbar nicht in uns fühlen. Dies kommt oft daher, dass wir die Emotionen, die wir aus anderen herauslösen, immer noch benutzen, um die Identität einer bedürftigen Persönlichkeit aufrechtzuerhalten.

Stell dir eine Vollkommenheit vor, die so omnipräsent ist, ganzheitlich und allumfassend ist, dass in ihrer Einheit mit allem, was ist, keine Trennung, kein Abstand oder Konflikt mit irgendwem oder irgendetwas um dich herum möglich ist.

Um einen Regenbogen als die Summe aller Farben sehen zu können und damit das volle Spektrum der dargestellten Schönheit wahrnehmen zu können, müsste man das Konzept von voneinander getrennten Farbbögen beiseitelassen. Ebenso wichtig ist es, die Idee der Trennung, einschließlich der Unterscheidungsmerkmale der verschiedenen Gedanken und Gefühle, beiseite zu lassen, um die Vollkommenheit in allem zu spüren. Sobald Vollkommenheit nicht länger ein Gefühl ist, dem man nachjagen muss, sondern eine umfassende Sicht auf das größere kosmische Bild, kann das Leben mit jedem Atemzug einfacher und angenehmer werden.

Da wir nur versuchen würden, Dinge, die wir für unsere eigenen halten, auf energische Art und Weise zu lösen, erhebt sich eine wichtige Frage: Wie viele innere Blockaden oder emotionale Feinde bleiben uns, wenn wir uns an unsere Rolle als ewige Befreier des Lebens erinnern, statt uns mit der Rolle desjenigen zu identifizieren, der auf seine Rettung wartet? Eine solche Frage fördert unsere Ausrichtung auf die Energie der Quelle in sehr direkter und herzbasierter Weise.

Die Wendeltreppe der Erkenntnis

Ob wir glauben, dass es zu unserer spirituellen Entwicklung gehört, karmische Schichten aus vergangenen Leben aufzulösen oder emotionale Schlacken zu bereinigen um dem Kollektiven zu einem höheren Lebenszustand zu verhelfen – sobald unser Heilungsprozess sich vertieft, ist es normal, wiederkehrende Muster aufsteigen zu fühlen.

Wenn wir nicht voll mit der Energie der Quelle in Übereinstimmung sind, können solche Muster sein, dass wir ähnliche Rollen in Beziehungen spielen, die Familienmuster widerspiegeln, oder dass wir selbstzerstörerische Angewohnheiten ausleben.

Welche Muster auch immer gerade aktiv sind – wenn wir unserer Entwicklungsreise aus Sicht des Egos sehen, ist es ziemlich natürlich, den Heilungsprozess möglichst schnell durchlaufen zu wollen – in der Hoffnung, Schmerz und Unglück hinter uns lassen zu können. Auf diese Weise nähern wir uns den Tiefen der spirituellen Reife allerdings in unaufrichtiger Art. Dies lässt uns stärker auf das fokussieren, was wir vom Universum bekommen können, anstatt in authentischer Harmonie mit dem Fluss des Lebens zu sein.

Jeder Moment sollte als Gelegenheit ausgekostet werden, unsere Wirklichkeit mit neuer Klarheit zu sehen, egal, ob alles genau nach unseren Wünschen geht oder nicht. Sobald die Lernkurve für unser sich stetig weiter ausdehnendes Wesen als Geschenk statt als Fluch angenommen wird, beginnen wir zu erkennen, wie voller Fülle das Universum in Wirklichkeit ist.

Die Quelle weiß bereits ganz genau, wer wir zu werden bestimmt sind und dass wir hier erschienen sind, um dieses wunderbare Abenteuer bis zum Ende auszuleben. Die Quelle weiß auch, dass unsere Evolution eine Folge der inspirierten und mutigen Entscheidungen ist, die wir aufgrund unserer Einsichten getroffen haben. Aus diesem Grund scheinen wir Verhaltens- und Beziehungsmuster zu wiederholen, egal, wie oft wir versuchen, die Landkarte unserer Realität zu verändern. Die Energie der Quelle würde es niemandem wünschen, auch nur ein Körnchen Weisheit zu verpassen oder gar zu vergessen, welche absolut entscheidende Rolle jeder Augenblick für unsere triumphale Erlösung gespielt hat.

Aus diesem Grund wiederholen sich die Dinge zu unserem Besten und sind nie als Strafe gedacht. Der Verlauf unserer Evolution ähnelt damit einer Wendeltreppe der Erkenntnis. Wir steigen eine Wendeltreppe hinauf und betrachten nach jeder Windung dieselbe Realität wieder – jedes Mal aus einer höheren Perspektive.

Dies bedeutet, dass wir Muster, die sich in unserem Leben immer wieder zu wiederholen scheinen, jedes Mal aus einer höheren Bewusstseinsebene betrachten als in der Vergangenheit. Sehen wir unsere Erfahrungen jedoch als eine abergläubische Form der Bestrafung, so bezweifeln wir in aller Unschuld das in jedem Augenblick enthaltene Bewusstsein, welches sieht, was noch gesehen werden muss und wagt, so zu reagieren, wie wir noch niemals reagiert haben.

Da unsere Bewusstseinsverlagerung vorrangig darin besteht, unsere Beziehung zur Realität zu transformieren, müssen unsere Muster und Lebensthemen von allen Perspektiven her betrachtet und auf vielen verschiedenen Ebenen erforscht werden. Während es so scheint, als ob wir in unserem Leben immer wieder genau dieselben Muster wiederholen würden, begegnen wir in Wirklichkeit zwar wiederholt den gleichen Erfahrungen, jedoch auf immer höherer Ebene. Dies kann uns von dem Glauben befreien, dass wir keine Lektionen mehr lernen müssen, wenn wir irgendwann alles richtig machen. So können wir den Prozess von Herzen annehmen, der unseren triumphalsten Sieg garantiert.

Um dabei zu helfen, unsere seelische Entwicklungsreise von der Idee spiritueller Bestrafung zum Konzept eines evolutionären Prozesses hin zu verändern, bedenke bitte die Weisheit der folgenden Fragen:

Was wäre, wenn der Sinn jedes Augenblicks mehr darin liegt, zu lernen, zu wachsen und sich zu erweitern, als zu versuchen, alles richtig zu machen?

Was wäre, wenn sich wiederholende Muster die Art und Weise sind, in der mich das Leben unterstützt, anstatt mich in irgendeiner Form zu bestrafen?

Was wäre, wenn alles, was ich für mich wünsche, brauche, möchte oder begehre bereits dafür bestimmt ist, in genau dem richtigen Moment einzutreffen?

Was wäre, wenn all dies wahr ist, unabhängig davon, ob ich bereit bin, einer solchen Weisheit zu vertrauen oder nicht?

Wie würde mein Leben sich verändern, wenn jeder Augenblick ein evolutionäres Geschenk an mich wäre und nicht eine karmische Strafe, der ich entkommen muss?

Wie kann jeder Moment meines Lebens von höheren Bewusstseinsebenen aus gesehen werden, auch wenn sich die Themen, Muster, Menschen und Ereignisse zu wiederholen scheinen?

Die Ironie eines herzbasierten Bewusstseins liegt darin zu erkennen, wie viel Reife, Integrität und Authentizität gebraucht wird, um unsere höchste Reife, Integrität und Authentizität hervorzubringen. Daher liegt der größte Beitrag des Egos zu unserer Ausdehnung darin, loszulassen und wieder mit der Quelle zu verschmelzen.

Während das Ego so verzweifelt wie möglich versucht, alles richtig zu machen, wird es mit wiederkehrenden Momenten der Niederlage konfrontiert, um die größten spirituellen Erfolge anzuregen, die immer im Nichtvorhandensein des Egos liegen. Sobald unser sich entwickelndes Bewusstsein immer mehr in unserem Herzen wurzelt, können wir erkennen, dass unsere Mission nicht darin besteht, das Ego loszuwerden. Stattdessen lernen wir, es so bedingungslos zu lieben, dass es die Sicherheit und den Mut findet, loszulassen und zum Licht zurückzukehren.

Um dabei zu helfen, die Erkenntnisse eines größeren kosmischen Bildes zu verkörpern, bedenke bitte die Weisheit der folgenden Aussagen oder wiederhole sie laut:

Ich akzeptiere, dass ich mich zur Erfüllung einer Mission inkarniert habe, die Teil eines größeren kosmischen Bildes ist. Das bedeutet, dass ich nicht unbedingt mit karmischen Mustern von Fehlverhalten hierhergekommen bin, sondern mich entschieden habe, Prägungen, Konditionierungen und zelluläre Erinnerungen zu tragen, um familiäre Ahnenlinien und die Menschheit insgesamt durch meine eigene Heilung zu befreien. Da ich aus einer liebenden Quelle der Vollkommenheit entstanden bin, kann ich nur die Vollkommenheit einer liebenden Quelle sein. Indem ich das weiß, erlaube ich jeder Frustration, Langeweile, Einsamkeit und Verwirrung als Zeichen dafür angenommen zu werden, wie zügig meine Ausdehnung sich vollzieht – anstelle sie als Feinde zu betrachten, die bekämpft, bewertet oder abgelehnt werden müssen.

Auch wenn meine Erfahrungsmuster sich wiederholen mögen, akzeptiere ich, dass dies zum Wohle meiner Entwicklung geschieht und mir erlaubt, dieselben Dinge jedes Mal von einer höheren Bewusstseinsperspektive aus zu sehen. Dies hilft mir meine Sicht auf das Leben zu verändern, weg von der Vorstellung spiritueller Strafe hin zu dem Wissen um evolutionären Prozess, in dem alles dazu da ist, mich darin zu unterstützen, mein absolutes Potenzial zu erreichen. Und so bin ich erfüllt.

Der erste Teil unserer gemeinsamen Reise durch dieses Buch geht zu Ende. In den folgenden Kapiteln bringen wir uns noch mehr mit der Quelle in Übereinstimmung, indem wir die unendlichen Wunder des Universums dazu einladen, unsere höchste Transformation zu unterstützen. Dadurch, dass jeder von uns Schritte in das Licht unserer lang erwarteten Bestimmung geht, stimmen wir uns als Individuen und als Gesellschaft auf die Schwingung der Liebe ein, welche die Welt zum Erwachen bringt.

TEIL 2

Auflösungen, Aktivierungen und Integrationen

KAPITEL 9

Auflösungen

Da unsere tiefe Hingabe dabei hilft, uns auf möglichst reife und authentische Weise auf die Quelle auszurichten, laden wir den Willen des Universums ein, sein perfektes Können unter Beweis zu stellen, indem er unseren Körper heilt und die Realität auf wunderbare Weise verwandelt. Während das Ego, das so dringend geheilt werden möchte, zur Auflösung bestimmt ist, gibt es noch weitere Möglichkeiten beschleunigter Ausdehnung, sobald wir in Harmonie mit der Gnade unserer höchsten Wahrheit leben.

In Teil 1 haben wir untersucht, wie unser Bewusstsein sich durch die Gleichung *Bewusstheit + Auflösung = Expansion* entwickelt. Da die Kombination von Bewusstheit und Auflösung die Expansion unserer Seele bewirkt, beschäftigt sich der nächste Teil dieses Buches mit dem Thema Auflösung auf energetischer Ebene.

Jedes der in den kommenden Kapiteln vorgestellten Werkzeuge hat sicherlich das Potenzial, deine physische, emotionale und energetische Wirklichkeit positiv zu beeinflussen. Es ist jedoch entscheidend, sich mit jedem Werkzeug aus der Weisheit der Seelenperspektive auseinanderzusetzen. Das bedeutet, dass wir uns, auch wenn wir eine bestimmte Art und Weise der Heilung ersehnen, trotzdem dem Willen der Quelle hingeben, die in ihrer unendlichen Weisheit und bedingungslosen Liebe immer weiß, welche Tiefe der Transformation benötigt wird.

Ob wir starke oder schwache Reaktionen bei jeder der Auflösungen oder Aktivierungen zeigen: sie sind nichts anderes als Hinweise auf die Geschenke, die bereit sind, empfangen zu werden. Das Ego will unbedingt bekommen, was es will. Es wird sich durch nichts davon abhalten lassen, jedes Instrument und jede Vorgehensweise mit so viel Nachdruck und so vielen Wiederholungen anzuwenden, wie es nötig ist, um ein gewünschtes Ergebnis zu erzielen. Unsere Seele lebt währenddessen in Harmonie mit der Quelle und empfindet Dankbarkeit für die Gelegenheit, jedes Instrument der Ausdehnung erleben zu können, indem sie einfach jeden Schritt befolgt und dem Zauber erlaubt, sich zu entfalten.

Wie wir in Kapitel 5 erforscht haben, ist Heilung nicht nur das, was in dem Moment passiert, in dem ein Prozess angewendet wird. Es geht vielmehr um die Frage, wie viel von einer Heilung während des Integrationsprozesses aufgenommen werden kann. Natürlich wünschen wir uns immer, uns sofort leichter, glücklicher und befreiter zu fühlen. Wenn eine Heilung jedoch, um wirklich empfangen zu werden, Zeit zum Ausruhen benötigt, können wir Erschöpfung anstelle eines Hochgefühls erleben. Selbst wenn die positiven Gefühle einer Heilsitzung scheinbar verblassen, handelt es sich dabei lediglich um den Kontrast einer neuen Erfahrung, die sich in unser Energiefeld integriert, um zu einem Teil von uns zu werden – und nicht um eine Erfahrung, die man weiterverfolgen und bewältigen muss.

Da Integration eine so essenzielle Rolle im Heilungsprozess spielt, wird ein tägliches Wiederholen jeder Auflösung und Aktivierung seine Wirksamkeit nicht steigern. Wenn es überhaupt zu etwas führt, dann zu einer Verminderung der Effektivität des Prozesses, weil die stärkste Wirkung bei einer erfolgreichen Auflösung und Klärung dann eintritt, wenn sie von genügend Raum zur kompletten Aufnahme jeder Heilungsgabe begleitet wird. Nutzen wir das Instrument der Auflösung und Aktivierung alle zwei Wochen einmal, könnte dies unsere Entwicklung verstärken und sie positiv beeinflussen.

Ein häufigerer Einsatz würde eher anzeigen, dass die Konditionierungen des Egos versuchen, den Lauf der Zeit zu untergraben.

Jedes der in diesem Buch vorgestellten Werkzeuge wurde in vielen meiner fünftägigen Kursen angeboten. Ich habe sie bisher jedoch noch nie in schriftlicher Form oder als Aufnahmen zur Verfügung gestellt. Diese Übungen, die oft als Nachsprech-Übungen bezeichnet wurden, sind direkte, mit heilenden Schwingungen kodierte Channellings aus der Quelle, die unser Energiefeld und unser Unterbewusstsein positiv beeinflussen. Jede Nachsprech-Übung kann still gelesen werden, das Unterbewusstsein jedoch profitiert stärker davon, wenn die Worte laut ausgesprochen werden. Wird jede Auflösung und Aktivierung laut gelesen, passiert es oft, dass unser Verstand den Überblick über die Worte verliert. Dies ist darauf zurückzuführen, dass sich unser Bewusstsein in einen Zustand der luziden Entspannung begibt, während unser Unterbewusstsein durch die kodierte Energie der Worte neu verdrahtet wird. Allein durch die Wiederholung jeder Auflösung und Aktivierung empfangen wir auf energetischer Ebene alle Wohltaten, die jede Heilung mit sich bringt, egal, ob wir geistig weggetreten sind oder uns daran erinnern können.

Um die Entwicklung unserer Seele so zu unterstützen, dass wir unser Engelstraining fortsetzen und die wahre Freude einer befreiten Existenz erfahren können, biete ich diese Werkzeuge als Katalysatoren der Veränderung für die vor uns liegende Reise an. Jedes dieser Werkzeuge wurde im Licht herzbasierten Bewusstseins geschaffen, daher sind die Energien, die wir aus jedem Prozess empfangen können, ausschließlich Geschenke von evolutionärem Nutzen, die unser Höheres Selbst, aber auch Engel und Geistführer uns empfangen lassen.

Mit entspanntem Geist und offenem Herzen laden wir die Magie und die Wunder der göttlichen Quelle dazu ein, unser höchstes Potenzial zu offenbaren – in liebevollem Dienst an unserer lang ersehnten Bestimmung und allen Leben, die zu erheben wir gekommen sind.

Heilung beginnt mit Intention

Um den Heilungsprozess der energetischen Auflösung in Gang zu setzen, wiederhole bitte die folgende Absichtserklärung still oder mit lauter Stimme:

Ich erkläre die Absicht, dass die folgenden Auflösungen als Kanäle für wundersame Offenbarungen dienen und immer genau die Ergebnisse liefern, die mit meiner höchsten Wahrheit übereinstimmen. Ich akzeptiere, dass ich dieser Heilung würdig bin und erlaube meinem Bewusstsein, sich auszudehnen, um damit heiligen Raum für meine Seele zu schaffen, in dem sie wohnen kann.

Indem ich um diese Wahrheit weiß, erlaube ich, dass alle emotionalen Schlacken, Konditionierungen meines Egos, Muster im Erbgut, Einflüsse genetischer Ahnenlinien, sowie allen Energien, die nicht meine sind und nicht zu mir gehören, aus meinem Energiefeld gelöst werden, zu ihrem Ursprung zurückkehren und vollständig umgewandelt werden – jetzt und für immer!

Von nun an nehme ich meine Meisterschaft als hingebungsvollen Ausdruck herzbasierten Bewusstseins an und lebe meine siegreiche Erlösung aus, die meine Mission vollendet, meine Realität verwandelt, und alles durch die makellose Kraft der Energie der Quelle, befreit. Und so geschieht es.

Dein Energiefeld zum Leuchten bringen

Dieser Nachsprech-Prozess wurde gechannelt, um Anhaftungen an Besitzdenken abzulösen und Egomuster im gesamten menschlichen Energiefeld aufzulösen. Im Sinne des Channelings bedeutet der Gebrauch des Wortes *Liebe* die Wahrheit der Energie der Quelle in ihrer vollständig erwachten und verkörperten Form.

Um dein Energiefeld zum Leuchten zu bringen, lies bitte die folgenden Aussagen entweder laut oder leise:

Ich erkenne an, dass kein Gedanke mir gehört, denn ich bin die Liebe in ihm.

Kein Gefühl und keine Reaktion gehört mir, denn ich bin die Liebe in ihnen.

Keine Erinnerung gehört mir, denn ich bin die Liebe in ihr.

Keine Konditionierung oder Programmierung gehört mir, denn ich bin die Liebe darin.

Keine Ahnenlinien oder vererbten Muster gehören mir, denn ich bin die Liebe in ihnen.

Keine Krankheit, keine Unpässlichkeit und kein Ungleichgewicht gehört mir, denn ich bin die Liebe in ihnen.

Keine Tragödie, kein Verlust und keine Begrenzung gehört mir, denn ich bin die Liebe in allem.

Keine Form der Dunkelheit, Grausamkeit oder Negativität gehört mir, denn ich bin die Liebe in allem.

Keine Form von Schmerz, Herzensleid, Krieg oder Konflikt gehört mir, denn ich bin die Liebe in ihnen.

Keine Form der Unsicherheit, des Zweifels oder der Armut gehört mir, denn ich bin die Liebe in ihnen.

Keine Form der Trennung gehört mir, denn ich bin die Liebe in ihr.

Keine Form des Verlassen-Seins gehört mir, denn ich bin die Liebe darin.

Und da ich die Liebe in allen Dingen bin, erlaube ich allen Dingen, die nicht Liebe sind – und daher nur bewertende Vorstellungen über die Liebe sein können – aus meinem Energiefeld gelöst, zur Quelle ihres Ursprungs zurückgesandt und vollkommen verwandelt zu werden, sowie zur Reinheit, Ganzheit und Vollkommenheit ewigen Lichts zurückzukehren und in einem erwachten, herzbasierten Bewusstsein der Liebe, die ich bin, wiedergeboren zu werden. Und so geschieht es.

Die Sternensaat-Auflösung

Die folgende Auflösung wurde aus dem Universum gechannelt und stellt die Antwort auf meine Absicht dar, eine interaktive Methode anzubieten, die helfen soll, das Licht der Quelle in allen Aspekten des menschlichen Energiefeldes zu reinigen, zu aktivieren und zu erwecken.

Während viele Menschen bereits verschiedene Aspekte ihres Energiefeldes erweckt haben, gibt es viele andere, die jeden Teil erst einmal aufbauen müssen, so dass die in allem enthaltene Gesamtheit des Lichts in einen voll verkörperten Ausdruck von herzbasiertem Bewusstsein integriert werden kann.

Der folgende Prozess dient dazu, alle Aspekte unseres physischen Körpers zu klären, zu säubern und zu reinigen, um das Wohlgefühl auf emotionaler und energetischer Ebene zu fördern.

Bitte lies die folgenden Auflösungen entweder leise oder laut und halte zwischen den Abschnitten jeweils zwei bis drei Minuten inne. So können sich die Heilenergien integrieren und ihre Wirkung und Aufnahme werden maximiert.

Ich akzeptiere, dass alle meine Organe bereits gereinigt, geklärt und geläutert worden sind und damit die höchste Möglichkeit ewigen Lichts manifestieren, die ICH NUN BIN. In dem Wissen, dass es so ist, heiße ich diese Schöpfungen in meiner gegenwärtigen Realität willkommen, damit sie in ihrem vollen Potenzial im Licht des Bewusstseins als der Heilige Schöpfer, der ICH BIN, verkörpert werden. Und so geschieht es.

(Halte für zwei bis drei Minuten inne.)

Ich akzeptiere, dass all meine Körpersysteme bereits gereinigt, geklärt und geläutert worden sind und damit die höchste Möglichkeit ewigen Lichts manifestieren, die ICH NUN BIN. In dem Wissen, dass dies so ist, heiße ich diese Schöpfungen in meiner gegenwärtigen Realität willkommen, damit sie in ihrem vollen Potenzial im Licht des Bewusstseins als der Heilige Schöpfer, der ICH BIN, verkörpert werden. Und so geschieht es.

(Halte für zwei bis drei Minuten inne.)

Ich akzeptiere, dass alle meine Drüsen bereits gereinigt, geklärt und geläutert worden sind und damit die höchste Möglichkeit ewigen Lichts manifestieren, die ICH NUN BIN. In dem Wissen, dass dies so ist, heiße ich diese Schöpfungen in meiner gegenwärtigen Realität willkommen, damit sie in ihrem vollen Potenzial im Licht des Bewusstseins als der Heilige Schöpfer, der ICH BIN, verkörpert werden. Und so geschieht es.

(Halte für zwei bis drei Minuten inne.)

Ich akzeptiere, dass alle Teile meines Gehirns bereits gereinigt, geklärt und geläutert worden sind und damit die höchste Möglichkeit ewigen Lichts manifestieren, die ICH NUN BIN. In dem Wissen, dass dies so ist, heiße ich diese Schöpfungen in meiner gegenwärtigen Realität willkommen, damit sie in ihrem vollen Potenzial im Licht des Bewusstseins als der Heilige Schöpfer, der ICH BIN, verkörpert werden. Und so geschieht es.

(Halte für zwei bis drei Minuten inne.)

Ich akzeptiere, dass alle meine Hormone bereits gereinigt, geklärt und geläutert worden sind und damit die höchste Möglichkeit ewigen Lichts manifestieren, die ICH NUN BIN. In dem Wissen, dass dies so ist, heiße ich diese Schöpfungen in meiner gegenwärtigen Realität willkommen, damit sie in ihrem vollen Potenzial im Licht des Bewusstseins als der Heilige Schöpfer, der ICH BIN, verkörpert werden. Und so geschieht es.

(Halte für zwei bis drei Minuten inne.)

Ich akzeptiere, dass alle meine Neurotransmitter und Stoffwechselaktivitäten bereits gereinigt, geklärt und geläutert worden sind und damit die höchste Möglichkeit ewigen Lichts manifestieren, die ICH NUN BIN. In dem Wissen, dass dies so ist, heiße ich diese Schöpfungen in meiner gegenwärtigen Realität willkommen, damit sie in ihrem vollen Potenzial im Licht des Bewusstseins als der Heilige Schöpfer, der ICH BIN, verkörpert werden. Und so geschieht es.

Vielleicht spürst du nun die sofortige Entlastung durch diese Auflösungen oder vielleicht brauchst du Zeit zum Ausruhen und Aufnehmen ihrer Wirkung. In beiden Fällen öffnest du in dir Tore für die Weiterentwicklung deiner Seele und das Wohlbefinden aller. Weil die Zeit deine Verbündete und nicht deine Feindin ist, werden die Wohltaten dieser Auflösungen sowie der Heilarbeit, die du durch viele Existenzen hindurch praktiziert hast, nun in wahrnehmbarer Form in deinem Leben auftauchen.

KAPITEL 10

Aktivierungen

Der folgende Prozess ist unter dem Namen Sternensaat-Aktivierung bekannt. Er dient dazu, herzbasiertes Bewusstsein in allen Aspekten unseres physischen Körpers zu aktivieren und zu erwecken.

Die Sternensaat-Aktivierung

Um die erweckende Wirkung der Sternensaat-Aktivierung einzuladen, lies bitte die folgenden Aktivierungen entweder leise oder laut und pausiere jeweils zwei bis drei Minuten zwischen den einzelnen Abschnitten. So erlaubst du den heilsamen Energien, integriert zu werden und ihre Wirkung und Aufnahme zu maximieren.

Ich akzeptiere, dass alle meine Organe bereits aktiviert und erweckt worden sind und damit die höchste Möglichkeit ewigen Lichts manifestieren, die ICH NUN BIN. In dem Wissen, dass dies so ist, heiße ich diese Schöpfungen in meiner gegenwärtigen Realität willkommen, damit sie in ihrem vollen Potenzial im Licht des Bewusstseins als der Heilige Schöpfer, der ICH BIN, verkörpert werden. Und so geschieht es.

(Halte für zwei bis drei Minuten inne.)

Ich akzeptiere, dass all meine Körpersysteme bereits aktiviert und erweckt worden sind und damit die höchste Möglichkeit ewigen Lichts manifestieren, die ICH NUN BIN. In dem Wissen, dass dies so ist, heiße ich diese Schöpfungen in meiner gegenwärtigen Realität willkommen, damit sie in ihrem vollen Potenzial im Licht des Bewusstseins als der Heilige Schöpfer, der ICH BIN, verkörpert werden. Und so geschieht es.

(Halte für zwei bis drei Minuten inne.)

Ich akzeptiere, dass alle meine Drüsen bereits aktiviert und erweckt worden sind und damit die höchste Möglichkeit ewigen Lichts manifestieren, die ICH NUN BIN. In dem Wissen, dass dies so ist, heiße ich diese Schöpfungen in meiner gegenwärtigen Realität willkommen, damit sie in ihrem vollen Potenzial im Licht des Bewusstseins als der Heilige Schöpfer, der ICH BIN, verkörpert werden. Und so geschieht es.

(Halte für zwei bis drei Minuten inne.)

Ich akzeptiere, dass alle Teile meines Gehirns bereits aktiviert und erweckt worden sind und damit die höchste Möglichkeit ewigen Lichts manifestieren, die ICH NUN BIN. In dem Wissen, dass dies so ist, heiße ich diese Schöpfungen in meiner gegenwärtigen Realität willkommen, damit sie in ihrem vollen

Potenzial im Licht des Bewusstseins als der Heilige Schöpfer, der ICH BIN, verkörpert werden. Und so geschieht es.

(Halte für zwei bis drei Minuten inne.)

Ich akzeptiere, dass alle meine Hormone bereits aktiviert und erweckt worden sind und damit die höchste Möglichkeit ewigen Lichts manifestieren, die ICH NUN BIN. In dem Wissen, dass dies so ist, heiße ich diese Schöpfungen in meiner gegenwärtigen Realität willkommen, damit sie in ihrem vollen Potenzial im Licht des Bewusstseins als der Heilige Schöpfer, der ICH BIN, verkörpert werden. Und so geschieht es.

(Halte für zwei bis drei Minuten inne.)

Ich akzeptiere, dass alle meine Neurotransmitter und Stoffwechselaktivitäten bereits aktiviert und erweckt worden sind und damit die höchste Möglichkeit ewigen Lichts manifestieren, die ICH NUN BIN. In dem Wissen, dass dies so ist, heiße ich diese Schöpfungen in meiner gegenwärtigen Realität willkommen, damit sie in ihrem vollen Potenzial im Licht des Bewusstseins als der Heilige Schöpfer, der ICH BIN, verkörpert werden. Und so geschieht es.

Die Sternensaat-Aktivierung abschließen

Um die heilsame Wirkung der Sternensaat-Auflösung und –Aktivierung zu erlauben und sie bestmöglich aufzunehmen, lies bitte die folgende Aussage leise oder laut:

Ich erlaube allen Auflösungen, Heilungen und Ausdehnungen der Sternensaat-Aktivierung gereinigt, geläutert, aktiviert und erweckt zu werden und damit die höchste Möglichkeit ewigen Lichts zu manifestieren, die ICH NUN BIN. In dem Wissen, dass dies so ist, heiße ich diese Schöpfungen in meiner gegenwärtigen Realität willkommen, damit sie in ihrem vollen Potenzial im Licht des Bewusstseins als der Heilige Schöpfer, der ICH BIN, verkörpert werden. Und so geschieht es.

Die Kunst des Seins

Dieser Prozess wurde gechannelt, um Realitätserfahrungen zu aktivieren, die über den Bereich des Verstehens hinausgehen. Sobald das Bedürfnis nach ständigem Verstehen-Wollen abgelegt wird, lassen wir Anhaftungen an Kontrolle los – um die Wahrheit der Quelle zu sein, statt zu versuchen, sie zu finden und zu kontrollieren.

Um die Kunst des Seins zu aktivieren, lies bitte die folgenden Aussagen stumm oder laut:

Ich kann Unschuld nicht verstehen.
Ich kann nur die Unschuld sein, die ICH BIN.
ICH BIN Unschuld. Unschuld ist, was ICH BIN.

Ich kann Frieden nicht verstehen.
Ich kann nur der Frieden sein, der ICH BIN.
ICH BIN Frieden. Frieden ist, was ICH BIN.

Ich kann Freude nicht verstehen.
Ich kann nur die Freude sein, die ICH BIN.
ICH BIN Freude. Freude ist, was ICH BIN.

Ich kann Freiheit nicht verstehen.
Ich kann nur die Freiheit sein, die ICH BIN.
ICH BIN Freiheit. Freiheit ist, was ICH BIN.

Ich kann Transzendenz nicht verstehen.
Ich kann nur die Transzendenz sein, die ICH BIN.
ICH BIN Transzendenz. Transzendenz ist, was ICH BIN.

Ich kann das Hier nicht verstehen.
Ich kann nur das Hier sein, das ICH BIN.
ICH BIN das Hier. Das Hier ist, was ICH BIN.

Ich kann das Licht nicht verstehen.
Ich kann nur das Licht sein, das ICH BIN.
ICH BIN das Licht. Licht ist, was ICH BIN.

Ich kann die Wahrheit nicht verstehen.
Ich kann nur die Wahrheit sein, die ICH BIN.
ICH BIN die Wahrheit. Wahrheit ist, was ICH BIN.

Ich kann den Weg nicht verstehen.
Ich kann nur der Weg sein, der ICH BIN.
ICH BIN der Weg. Der Weg ist, was ICH BIN.

Ich kann das Sein nicht verstehen.
Ich kann nur das Sein sein, das ICH BIN.
ICH BIN das Sein. Sein ist, was ICH BIN.

Ich kann die Liebe nicht verstehen.
Ich kann nur die Liebe sein, die ICH BIN.
ICH BIN die Liebe. Liebe ist, was ICH BIN.

Ich kann die Ganzheit nicht verstehen.
Ich kann nur die Ganzheit sein, die ICH BIN.
ICH BIN die Ganzheit. Ganzheit ist, was ICH BIN.

Ich kann die Einheit nicht verstehen.
Ich kann nur die Einheit sein, die ICH BIN.
ICH BIN die Einheit. Einheit ist was ICH BIN.

Mit tiefer Heilung geht die Notwendigkeit der Integration einher. Dies erinnert uns daran, dem natürlichen Fluss unseres Heilungsprozesses zu vertrauen, ohne uns gegen etwas auflehnen oder etwas überstürzen zu müssen.

Solltest du dich offener, weiter oder sogar glücklicher fühlen, ist dies ein Zeichen dafür, dass dein Integrationsprozess bereits im Gange ist. Fühlst du dich leer, emotionslos oder sogar wie betäubt, ist das lediglich ein Zeichen dafür, dass du gerade in die Integrationsphase eintrittst, die eine viel subtilere Form von Energie enthält als unsere fünf Sinne wahrzunehmen gewöhnt sind.

Wie auch immer deine Erfahrung aussieht, sie ist nur ein Hinweis darauf, wie einzigartig dein Weg des Erwachens ist, da alles dafür da ist, um dich in deiner Heilung und Transformation zu unterstützen.

KAPITEL 11

Deine Erfahrungen integrieren

Genauso wichtig wie jede Auflösung und jede Aktivierung ist die Integration der Erfahrungen, die uns am meisten transformieren. Auch wenn Einsichten in Sekundenschnelle auftauchen können, während wir aktivieren, heilen und erwachen, brauchen sie Zeit, um aufgenommen zu werden, so ähnlich, wie der Körper Zeit braucht um ein köstliches Mahl zu verdauen. Je mehr wir die Bedeutsamkeit der Integration akzeptieren können, desto eher können wir die höchsten Qualitäten unserer Seele verkörpern – unabhängig von den Erfahrungen anderer oder dem Zustand der Welt.

In die Leere hinein integrieren

Dieser Prozess wurde gechannelt, um mehr inneren Raum für die Integration der empfangenen Heilungen, Auflösungen und Aktivierungen einzuladen. Das Wort *Leere* wurde gechannelt, um die formlosen Qualitäten der Seele zu verstärken und dabei zu helfen, das Ego weiter aufzulösen, sowie das Licht herzbasierten Bewusstseins zu verkörpern.

Um dich in die Leere zu integrieren, lies bitte die folgenden Aktivierungen entweder leise oder laut:

Alles ist Leere, Leere ist Alles.
Eins ist Leere, Leere ist Eins.
Keins ist Leere, Leere ist Keins.
Raum ist Leere, Leere ist Raum.
Klang ist Leere, Leere ist Klang.

Name ist Leere, Leere ist Name.
Form ist Leere, Leere ist Form.
Zeit ist Leere, Leere ist Zeit.
Nichts ist Leere, Leere ist Nichts.
Alles ist Leere, Leere ist Alles.

Denken ist Leere, Leere ist denken.
Fühlen ist Leere, Leere ist fühlen.
Sich bewegen ist Leere, Leere ist sich bewegen.
Stille ist Leere, Leere ist Stille.
Empfinden ist Leere, Leere ist empfinden.

Wahrnehmen ist Leere, Leere ist wahrnehmen.
Gewahrsein ist Leere, Leere ist Gewahrsein.

Atmen ist Leere, Leere ist atmen.
Leben ist Leere, Leere ist leben.
Lernen ist Leere, Leere ist lernen.

Unterscheiden ist Leere, Leere ist unterscheiden.
Wachsen ist Leere, Leere ist wachsen.
Öffnen ist Leere, Leere ist öffnen.
Erwachen ist Leere, Leere ist erwachen.
Erkennen ist Leere, Leere ist erkennen.

Befreien ist Leere, Leere ist befreien.

Sein ist Leere, Leere ist sein.
Wissen ist Leere, Leere ist wissen.
Alles ist Leere, Leere ist alles.
Nichts ist Leere, Leere ist nichts.

Zeit ist Leere, Leere ist Zeit.
Form ist Leere, Leere ist Form.
Name ist Leere, Leere ist Name.
Klang ist Leere, Leere ist Klang.
Raum ist Leere, Leere ist Raum.

Keiner ist Leere, Leere ist Keiner.
Jeder ist Leere, Leere ist Jeder.
Alles ist Leere, Leere ist Alles.

Du selbst sein – Teil 1

Dieser zweiteilige Prozess wurde gechannelt, um den Integrationsprozess weiter zu fördern. Wir gehen dabei über das Spiel der Gegensätze hinaus, um in unserem natürlichen Zustand von herzbasiertem Bewusstsein zuhause zu sein.

Auch wenn das Ego Angst davor haben kann, Worte zu benutzen, die keine positiven Zustände ausdrücken, ist dies ein Prozess, der das Gute, das wir zu empfangen bestimmt sind, nicht schmälern kann. Im Gegenteil, es handelt es sich um eine Möglichkeit, die Kraft der Worte zu benutzen und so entspannt zu sein wie der Ozean der Existenz, statt von den Wellen der Wonne und des Schmerzes auf ewig hin und her geworfen zu werden.

Auch wenn das Ego zum Aberglauben neigt – als Folge dieser Nachsprech-Übung können sich nur vollständiger Frieden, Einfachheit, Integration und das Aufnehmen heilsamer Energie manifestieren.

In Teil Eins wurden die Worte *Du* und *Du selbst* gechannelt, um Anhaftungen an die äußere Wahrnehmung von Gegensätzen aufzulösen. Je mehr wir in uns selbst verwurzelt sind, ohne von Symbolen oder Definitionen begrenzt zu sein, desto leichter fällt es uns, in der Welt zu sein und anderen auf friedlichste, kraftvollste und liebevollste Art zu begegnen.

Um alle Auflösungen und Aktivierungen zu integrieren, indem du auf eine weniger definierte Art du selbst bist, lies bitte die folgenden Aktivierungen entweder leise oder laut:

Du bist nicht richtig. Du bist nicht falsch.
Du bist einfach du selbst.

Du bist nicht anderes. Du bist nicht ähnlich.
Du bist einfach du selbst.

Du bist nicht hier. Du bist nicht da.
Du bist einfach du selbst.

Du bist nicht in der Zeit. Du bist nicht außerhalb des Raums. Du bist einfach du selbst.

Du bist nicht hellwach. Du schläfst nicht.
Du bist einfach du selbst.

Du bist nicht gehorsam. Du leistest keinen Widerstand. Du bist einfach du selbst.

Du bist nicht motiviert. Du bist nicht niedergeschlagen. Du bist einfach du selbst.
Du bist dir nicht sicher. Du bist dir nicht unsicher. Du bist einfach du selbst.

Du bist kein Opfer. Du bist kein Täter. Du bist einfach du selbst.

Du bist nicht passiv. Du bist nicht wütend. Du bist einfach du selbst.

Du freust dich nicht. Du bist nicht traurig. Du bist einfach du selbst.

Du bist nicht unsicher. Du bist nicht verwirrt. Du bist einfach du selbst.

Du bist nicht gierig. Du bist nicht arm. Du bist einfach du selbst.

Du bist nicht immer gleich. Du veränderst dich nicht. Du bist einfach du selbst.

Du bist nicht hoffnungsvoll. Du bist nicht verletzt. Du bist einfach du selbst.

Du bist nicht auf Bewährung entlassen. Du bist nicht im Gefängnis. Du bist einfach du selbst.

Du bist nicht einbezogen. Du bist nicht ausgeschlossen. Du bist einfach du selbst.

Du bist nicht satt. Du bist nicht am Verhungern. Du bist einfach du selbst

Du bist nicht geformt. Du bist nicht ungeformt. Du bist einfach du selbst.

Du bist nicht bekannt. Du bist nicht unbekannt. Du bist einfach du selbst.

Du bist nicht im Fokus. Du bist nicht außer Reichweite. Du bist einfach du selbst.

Du bist nicht wie etwas. Du bist nicht anders als etwas. Du bist einfach du selbst.

Du bist keine Ursache. Du bist keine Wirkung. Du bist einfach du selbst.

Du befindest dich nicht vor Etwas. Du befindest dich nicht hinter etwas. Du bist einfach du selbst.

Du bist nicht ich. Du bist nicht du. Du bist einfach du selbst.

Du kommst nicht. Du gehst nicht. Du bist einfach du selbst.

Du bist nicht dies. Du bist nicht das. Du bist einfach du selbst.

Du bist nicht relativ. Du bist nicht absolut. Du bist einfach du selbst.

Du bist keine Tatsache. Du bist keine Unwahrheit. Du bist einfach du selbst.

Du bist nicht »Was wäre, wenn«. Du bist nicht, was nicht ist. Du bist einfach du selbst.
Du bist nicht verneinbar. Du bist nicht verstehbar. Du bist einfach du selbst.

Du bist nicht verloren. Du bist nicht gefunden. Du bist einfach du selbst.

Du bist nicht sichtbar. Du bist nicht unsichtbar. Du bist einfach du selbst.

Du bist nicht ausgedacht. Du bist nicht unwirklich. Du bist einfach du selbst.

Du selbst sein – Teil 2

Im zweiten Teil werden die Worte *Ich* und *Ich selbst* gechannelt, um uns von Anhaftungen an interne Symbole und Definitionen zu befreien. Je undefinierter wir uns selbst zu sein erlauben, desto mehr können unsere Erfahrungen sich ausdehnen.

Um alle Auflösungen und Aktivierungen zu integrieren, indem du auf einer weniger definierten Ebene du selbst bist, lies bitte die folgenden Aktivierungen entweder leise oder laut:

Ich bin nicht richtig. Ich bin nicht falsch. Ich bin einfach ich selbst.
Ich bin nicht anders. Ich bin nicht ähnlich. Ich bin einfach ich selbst.

Ich bin nicht hier. Ich bin nicht da. Ich bin einfach ich selbst.

Ich bin nicht in der Zeit. Ich bin nicht außerhalb des Raums. Ich bin einfach ich selbst.

Ich bin nicht hellwach. Ich schlafe nicht. Ich bin einfach ich selbst.

Ich bin nicht gehorsam. Ich bin nicht widerspenstig. Ich bin einfach ich selbst.

Ich bin nicht motiviert. Ich bin nicht niedergeschlagen. Ich bin einfach ich selbst.

Ich bin mir nicht sicher. Ich bin mir nicht unsicher. Ich bin einfach ich selbst.

Ich bin kein Opfer. Ich bin kein Täter. Ich bin einfach ich selbst.

Ich bin nicht passiv. Ich bin nicht wütend. Ich bin einfach ich selbst.

Ich freue mich nicht. Ich bin nicht traurig. Ich bin einfach ich selbst.

Ich bin nicht unsicher. Ich bin nicht verwirrt. Ich bin einfach ich selbst.

Ich bin nicht gierig. Ich bin nicht arm. Ich bin einfach ich selbst.

Ich bin nicht immer gleich. Ich verändere mich nicht. Ich bin einfach ich selbst.

Ich bin nicht hoffnungsvoll. Ich bin nicht verletzt. Ich bin einfach ich selbst.

Ich bin nicht auf Bewährung entlassen. Ich bin nicht im Gefängnis. Ich bin einfach ich selbst.

Ich bin nicht einbezogen. Ich bin nicht ausgeschlossen. Ich bin einfach ich selbst.

Ich bin nicht satt. Ich bin nicht am Verhungern. Ich bin einfach ich selbst.

Ich bin nicht geformt. Ich bin nicht ungeformt. Ich bin einfach ich selbst.

Ich bin nicht bekannt. Ich bin nicht unbekannt. Ich bin einfach ich selbst.

Ich bin nicht im Fokus. Ich bin nicht außer Reichweite. Ich bin einfach ich selbst.

Ich bin nicht wie etwas. Ich bin anders als etwas. Ich bin einfach ich selbst.

Ich bin keine Ursache. Ich bin keine Wirkung. Ich bin einfach ich selbst.

Ich befinde mich nicht vor Etwas. Ich befinde mich nicht hinter Etwas. Ich bin einfach ich selbst.

Ich bin nicht ich. Ich bin nicht du. Ich bin einfach ich selbst.

Ich komme nicht. Ich gehe nicht. Ich bin einfach ich selbst.

Ich bin nicht dies. Ich bin nicht das. Ich bin einfach ich selbst.

Ich bin keine Tatsache. Ich bin keine Unwahrheit. Ich bin einfach ich selbst.

Ich bin nicht »Was wäre, wenn«. Ich bin nicht, was nicht ist. Ich bin einfach ich selbst.

Ich bin nicht verneinbar. Ich bin nicht verstehbar. Ich bin einfach ich selbst.

Ich bin nicht verloren. Ich bin nicht gefunden. Ich bin einfach ich selbst.

Ich bin nicht sichtbar. Ich bin nicht unsichtbar. Ich bin einfach ich selbst.

Ich bin nicht ausgedacht. Ich bin nicht unwirklich. Ich bin einfach ich selbst.

Durch das Geschenk der Integration, das die Zeit uns macht, können wir unser Potenzial leben und ganz wir selbst sein, egal, ob wir die Wahrheit unserer wundersamen Natur in der Tiefe erahnen oder verstehen. Sobald wir uns in unserem Selbst niedergelassen haben, können wir den tieferen Grund für unser Hiersein erfahren, der uns mit allen anderen zu einem Ganzen verbindet, während wir gleichzeitig die Einzigartigkeit unseres individuellen Ausdrucks liebevoll annehmen.

TEIL 3

Eine neue Realität erschaffen

KAPITEL 12

Warum wir hier sind

Wie bisher bereits besprochen, haben wir uns auf diesem Planeten inkarniert um unser Engeltraining als erwachende Seelen in physischer Form zu vertiefen. In den frühesten und prägendsten Jahren unserer Entwicklung wurden wir in eine Familienstruktur hineingeboren, die als mikrokosmisches Modell des kollektiven Bewusstseins dient. Wir haben uns hier inkarniert, um dieses kollektive Bewusstsein verändern zu helfen.

Als Vorbereitung auf unsere spirituelle Reise haben wir zelluläre Erinnerungen und Verhaltensmuster kopiert, die von den Menschen um uns herum vorgelebt wurden. Damit begann die Inkubations-Phase im Kokon unseres Egos, die uns die Ahnung einer unvermeidlichen und größeren Ausdehnung gab. Indem wir jede in unserem Leben auftretende Erfahrung durchstanden, wurde unser Ego zu genau der Persönlichkeit geformt, durch die das Licht der göttlichen Quelle als eine voll verkörperte Seele eintritt.

Ob wir von Entbehrungen geplagt, von Verlusten erschüttert, von Ablehnung aus dem Hinterhalt überfallen oder von Widrigkeiten überwältigt worden sind – jedes einzelne Kapitel unseres Abenteuers hat dazu gedient, unser Bewusstsein weiter auszudehnen und unsere Wahrnehmung für unsere Aufgabe als Beschleuniger evolutionärer Prozesse zu schärfen. Unsere Reise ist nicht einfach nur dazu da, zu einem großartigeren Ausdruck der Energie der Quelle zu werden, sondern dient dazu, zu der Vollkommenheit zurückzufinden, derer wir uns vor unserer jetzigen Existenz bereits bewusst waren.

Auf dem Weg des Egos aus seinem Tiefschlaf hin zur verkörperten Seele verstärkt sich die Schwingung unseres herzbasierten Bewusstseins und breitet sich durch alle Schichten unseres Energiefeldes hindurch aus. Sobald alle diese Schichten aufgefüllt sind, breitet sich diese derartig expansive Energie außerhalb unseres Feldes natürlicherweise weiter aus und füllt dabei jede Gestalt oder Form auf, die wir als die Welt um uns herum wahrnehmen. Unsere Fähigkeit zur Ausdehnung hebt das Bewusstsein des Planeten an und beschleunigt Heilungsprozesse bei anderen Menschen. Gleichzeitig beginnt unsere Umgebung damit, uns das Eintreten unserer Meisterschaft zu bestätigen, in dem sie uns die verstärkte Energie zurückspiegelt, die wir zum Wohle aller ausgestrahlt haben.

Dies bedeutet übrigens nicht, dass wir auf das Erwachen der Welt warten müssen, um das Ziel der Vollendung der Seele zu erlangen. Stattdessen dehnen wir unser Bewusstsein weiter aus, indem wir die wahre Natur unserer Seeleneigenschaften annehmen und die Fähigkeit entwickeln unser Licht zu zeigen. So hören wir damit auf, uns an die heilungsbedürftige, unerlöste Dunkelheit anderer anzupassen oder sie zu spiegeln. Indem wir die vier Pfeiler der Selbstliebe kultivieren und die fünf Stufen der Hingabe erkunden, werden unsere inneren polaren Energien ausbalanciert. Dies befähigt uns, so liebevoll und geerdet zu sein wie wir unermesslich und weise sind. Aus dieser Perspektive ist es für uns möglich, die wahre Intimität von Beziehungen als lebendiger, erfüllender Ausdruck heiliger Partnerschaft zu leben.

Da sich unsere Ausrichtung an der Quelle so ausdrückt, dass wir uns selbst und anderen gegenüber zu großzügigsten Handlungen fähig sind, wird jeder persönliche Austausch und jede scheinbar unbedeutende Begegnung zu einer Gelegenheit, noch mehr herzbasiertes Bewusstsein zu verankern.

Ob wir immer häufiger Komplimente auszusprechen, uns die Zeit zu nehmen, unser eigenes Herz immer ehrlicher anzunehmen oder sogar denjenigen Menschen Raum geben, die von ihren eigenen Heilungsprozessen zu überwältigt sind um unser Licht zu respektieren: Jede ermächtigte Entscheidung, die wir treffen, erhöht die Schwingung unserer inneren Erfahrung, um das große Ganze zu erheben.

Egal, wie oft jedes Muster, jede Rolle oder jede Begebenheit in unserem Leben wieder auftaucht: wir können sie immer aus einer höheren Perspektive betrachten, wenn wir die Umstände des Lebens als einen evolutionären Prozess akzeptieren und nicht als persönliche Bestrafung sehen.

Als Pioniere eines neuen spirituellen Zeitalters sind wir auf diesen Planeten gekommen, um dabei zu helfen, jede wahrnehmbare Grenze aufzulösen, die das Selbst von der Quelle trennt. Damit ermöglichen wir es allen Bewohnern der Erde sich an den Himmel zu erinnern, der immer gegenwärtig ist.

Wir sind hier, weil wir essenziell für den Erfolg einer Mission sind, die sich als Vollkommenheit des Schicksals im Spiel entfaltet. Wir sind hier, weil wir wichtig sind und wir sind wichtig, weil wir existieren. Je wichtiger wir für uns selber werden, desto wichtiger kann auch das Wohlergehen anderer für uns sein. Indem wir wertschätzen, dass alles gleichermaßen bedeutsam ist, kann das Licht unserer Seele vollständig in die Fassbarkeit der physischen Form eintreten und so die Wirklichkeit aus der höchsten Schwingung der Wahrheit heraus neu erschaffen.

Dies ist unsere Reise und die Mission aller Menschen zusammen, denn wir sind alle eins. Jedes Herz vollendet die sich auf ewig entwickelnde Bestimmung der Energie der Quelle, egal, welche Rollen wir dabei ausagieren. Dies bestätigt das absolute Gesetz der Liebe.

Alles ist ein Geschenk

Wenn alles im Leben ein Geschenk darstellt, ist dies eine Möglichkeit, uns für die Erkenntnisse aus unseren bedeutsamsten Ausdehnungsmomenten zu öffnen. Da das Ego solch eine Sichtweise üblicherweise gern als subtile Form der Manipulation benutzt – indem es hofft, so schnell wie möglich ›seine Lektionen zu lernen‹ und damit über Unbehagen, Qualen, Frustration oder Verwirrung hinwegzukommen – ist es leicht, die Nützlichkeit einer solchen Aussage abzutun.

Auch wenn alles ein Geschenk darstellt, sollten wir diese Aussage jedoch nicht als Mantra nutzen, das wir jemandem mitgeben, der gerade leidet. Stattdessen erlauben wir seiner Verzweiflung da zu sein, egal wie unbehaglich es sich anfühlen mag und vertiefen damit unsere Liebesfähigkeit, solange unser Herz es aushalten kann. Im neuen spirituellen Zeitalter versuchen wir nicht, anderen Menschen eine bessere Sichtweise der Dinge zu geben. Vielmehr bleiben wir dankbar für die Gelegenheiten, in uns selbst den Gefühlen zu begegnen, die andere in uns auslösen und in anderen die Kämpfe anzunehmen, die unsere höchste Wiedergeburt auf dem unendlichen Erlösungsweg des Lebens hervorbringen.

Wenn alles ein Geschenk darstellt, versuchen wir nicht etwas anderes zu sein als voll verfügbar dafür, wie auch immer das Leben zu sein scheint. Wir bleiben offen für die Tatsache, dass alles dafür existiert, um die Geschenke unserer Weiterentwicklung hervorzubringen, egal ob wir diese sofort oder erst zu einem späteren Zeitpunkt erkennen.

Wenn alles ein Geschenk darstellt, sind wir unserem Entwicklungsprozess gegenüber offen. Wir sind bereit, jeder beliebigen Menge von Widrigkeiten ins Gesicht zu sehen und genau so viel Zeit damit zu verbringen, uns außer Kraft gesetzt zu fühlen, wie wir es benötigen. Damit kultivieren wir die Kraft, den Mut, die Ausdauer und das Mitgefühl dafür, uns leuchtender, erneuerter, gereinigter und kraftvoller als jemals zuvor wieder zu öffnen. Wir erkennen das größere kosmische Bild des Lebens an, ohne dabei den Ernst und die Schwere unserer Gefühle zu leugnen, die uns darauf hinweisen, welch tiefe Erneuerungsprozesse wir gerade durchleben.

Wenn alles ein Geschenk ist, sagen wir anderen Menschen nicht auf spirituell rechthaberische Weise, wie sie ihre Realität erfahren sollen. Stattdessen ehren wir die Beziehung der Gegensätze, die durch die Einheit der Wahrheit fließen. Wenn jemand tief in der Verleugnung zu stecken scheint, führt dies auf natürliche Weise zum Aufbau einer Antriebskraft, die dazu befähigt, der Realität zum richtigen Zeitpunkt mit größerer Authentizität zu begegnen. Traurigkeit lässt die Ankunft der Freude erahnen und Angst stellt eine Entwicklung zu mehr Mut dar. Diese Übergänge können jedoch nicht durch die Hartnäckigkeit des Egos erzwungen werden.

Da das Ego nicht erzwingen kann, dass Schmerz sich angenehmer anfühlt, kann es auch nicht die Perfektion unserer Ausdehnung verhindern. Uns zu fragen, wie wir uns selbst im Weg stehen, bedeutet so viel wie unseren Weg zu verleugnen, der eine Vielzahl von Wohltaten hervorbringt – zu genau dem Zeitpunkt, zu dem sie geschehen sollen.

Auch wenn wir nicht in der Lage sind, bestimmte Erfahrungen als Geschenke zu sehen, so bedeuten doch alle Umstände oder Begebenheiten in unserem Leben lediglich entscheidende Stadien der Heilung, in denen wir in der Authentizität unserer direkten Erfahrung brennen müssen, um mehr Raum für die Entstehung erweiterter Perspektiven zu schaffen.

Kein Ereignis tritt in unser Leben, weil es uns an Weitsicht mangelt. Stattdessen bringt jede Erfahrung eine Bewusstseinstiefe mit sich, die dazu beiträgt, die Helligkeit des Lichts durch die Zeit des Wanderns in der Dunkelheit zu kultivieren.

Wenn alles ein Geschenk ist, benutzen wir unser Licht nicht, um die Dunkelheit zu verringern, sondern erkennen es als die Kraft, durch die die Dunkelheit gewürdigt werden kann. Da

Dunkelheit als Bewusstsein gesehen werden kann, das sich seiner wahren erleuchteten Natur nicht bewusst ist, erlauben wir dem Licht der bedingungslosen Liebe, die Dunkelheit durch ihren Prozess hindurch zu unterstützen, zu ehren und zu schätzen, ohne irgendetwas überstürzen zu müssen.

Die Erfahrung einer Person verändern zu wollen, ist so als ob wir unaufhörlich gerade gepflanzte Samen immer wieder woanders einsetzen, in der Hoffnung, einen noch idealeren Standort für ihr Wachstum zu finden. Jedes Mal, wenn wir einen Samen umpflanzen, wird der Wachstumsprozess unterbrochen und die zarten Wurzeln dabei gestört, sich in ihrem eigenen Rhythmus zu entwickeln.

Auch wenn wir die energetische Transformation nicht stören wollen, die in jedem Moment der Heilung auftritt, heißt dies nicht, dass wir keine wertvollen Gaben beizutragen haben.

Verletzte Menschen befinden sich in einem Heilungsprozess, der es ihnen ermöglichen wird, Liebe, Stärke, Mut und Mitgefühl für andere zu verkörpern, die ebenfalls heilen. Wer bereits geheilt ist, hat eine vollkommene Mischung von Veränderung, Erkenntnis und Entdeckung überlebt. Sie sind in größerer Übereinstimmung mit ihrem höchsten Potenzial aus diesen Erfahrungen hausgekommen – zum Wohle derer, die noch auf der Suche nach ihrem Weg sind.

Wenn alles ein Geschenk ist, sind wir dankbar für die Aufrichtigkeit des gelebten Zeugnisses eines jeden Menschen und – indem wir es wagen, das Herz des anderen anzunehmen – auch für die Möglichkeit, Aspekte unseres eigenen ewigen Wesens kennenzulernen. Sind wir nicht fähig, anderen in einer so natürlich offenen Art zu begegnen, sollte uns dies an die Dringlichkeit unserer eigenen Bedürfnisse erinnern. In diesem Fall steht unser Herz an erster Stelle die unendliche Tiefe der ungeteilten Aufmerksamkeit zu empfangen, welche unsere Unschuld nährt, während sie die Transformation wagt.

Wenn alles ein Geschenk ist, gibt es Höhen und Tiefen und sämtliche Zwischentöne. Dies gibt uns die Möglichkeit, mit mehr Vertrauen, Respekt, Demut, Güte und Zuwendung auf unser Leben zu reagieren, egal, wie bedrohlich die Umstände gerade sind.

Wenn alles ein Geschenk ist, müssen wir uns nicht von der Härte der Realität abwenden, um die Freude am Vertrauen zu kennen. Gleichermaßen ist es nicht nötig, nach Verzweiflung oder Schmerz zu suchen, um sicher zu gehen, nichts im Leben zu übersehen oder zu vermeiden. Es gibt einen Mittelweg. Er besteht auf natürliche Weise darin, genügend Raum in unserer Wirklichkeit dafür zu schaffen, die Erfahrungen bewusst wahrzunehmen, die wir gegenwärtig bereits durchleben.

Solch ein Mittelweg heißt jede Erfahrung willkommen, sogar wenn es bedeutet, dafür offen zu sein, sich über eine gewisse Zeit hinweg komplett außer Kraft gesetzt zu fühlen.

Wenn wir aus erwachtem, voll integriertem, herzbasiertem Bewusstsein heraus leben, sind wir offen dafür, dass alles ein Geschenk unserer Entwicklung ist – egal, ob wir das Verhalten anderer schätzen, mit der gegenwärtigen Situation einverstanden sind oder uns wünschen, ein solches Wachstum würde unter angenehmeren Bedingungen stattfinden.

Haben wir diese Fähigkeit ausgebildet, lieben wir das, was in uns hochkommt. Solange wir dies noch nicht können, wird sich die Liebe in unserem Herzen als das Mitgefühl der anderen manifestieren, sowie als das Licht, das von der Natur ausgeht oder als die Stille der Energie der Quelle, die in jedem Atemzug pulsiert. Wir wissen, dass alles dafür geschaffen ist, uns besser zu machen als wir es jemals zuvor waren. Dies verlangt, dass wir unserem Weg treu bleiben, ganz gleich, wie sehr wir die Dinge beschleunigen oder verlangsamen wollen.

Im neuen spirituellen Zeitalter schätzen wir das Geschenk unserer liebevollsten Reaktionen auf das Leben, auch wenn wir reflexartig mit allem in Sichtweite umgehen. Wenn wir noch nicht in der Lage sind, aus unserem Herzen zu handeln, brauchen wir mehr Raum, Ruhe und Erholung, um uns selbst die nährende Aufmerksamkeit zu geben, die uns in der Reaktion anderer zu fehlen scheint.

Niemand verdient es aus irgendeinem Grund zu leiden und wir haben keine Schuld an unseren aktuellen Erfahrungen. Es wurde uns die Möglichkeit gegeben uns weiterzuentwickeln, wenn wir auf dem richtigen Kurs bleiben – was unweigerlich die Fähigkeit zum Vorschein bringt uns auszudehnen, ohne dass dies Schwierigkeiten auslösen muss. Wie können wir dieses Ziel erreichen? Indem wir unseren Gefühlen treu bleiben, ohne sie auf andere zu projizieren und indem wir unsere innere Unberührtheit annehmen, auch wenn wir die einzigen zu sein scheinen, die sie wahrnehmen.

Wenn unser bestmögliches Verhalten gegenüber der Rechtfertigung jeglicher reflexartigen Reaktion gewinnt, offenbart sich ein hingebungsvolles Herz. Durch unsere Hingabe führt eine dauerhafte Ausrichtung an der Energie der Quelle zur Schönheit des herzbasierten Bewusstseins, ganz gleich, wie viel Schmerz es scheinbar erforderte, die Herrlichkeit unserer Vollkommenheit zum Vorschein zu bringen.

Während wir jeden Schritt auf unserem Weg mit Authentizität und Mitgefühl gehen, bleiben all unsere Geschenke solange unerkannt, bis wir sie selbst als solche erkennen. Sobald jedes Geschenk enthüllt ist, ist die Bereicherung, die wir durch seinen Erhalt erfahren, atemberaubend und unermesslich großartig.

Die Lebensaufgabe klären

Im alten spirituellen Zeitalter hat man sich die eigene Lebensaufgabe oft als eine bestimmte berufliche Tätigkeit vorgestellt, bei der das Ego die Spiritualität als eine Form der Neuerfindung nutzte. Wenn dies geschieht, glauben wir üblicherweise, dass die Unzufriedenheit mit unserem gegenwärtigen Beruf der Grund für unser Unglücklichsein ist.

Manchmal liegt so manche Wahrheit darin, wenn wir in Frage stellen, ob wir wirklich unsere größte Leidenschaft ausleben. Sollte es etwas anderes geben, nach dem wir uns sehnen, sind wir es uns schuldig, in diese Richtung zu gehen – egal wie viel Angst wir angesichts der gewünschten Veränderung fühlen. Gleichzeitig werden jedoch viele Menschen in die Irre geführt, wenn sie sich vorstellen, der größte Sinn im Leben sei es einen spirituell ausgerichteten Beruf auszuüben.

Wenn wir wirklich dazu ausersehen sind, unseren Lebensunterhalt in einem spirituellen Beruf zu verdienen, werden sich die Gelegenheiten ergeben und uns finden, noch bevor wir eine Chance haben, sie selbst aktiv zu suchen. Wird jedoch der Wunsch nach einer spirituellen Karriere nicht durch sich bietende Gelegenheiten unterstützt, handelt es sich um die Einladung des Lebens, unabhängig von der Art unserer täglichen Arbeit ein spirituell erfüllenderes Leben zu führen.

Der Zweck des Lebens ist nicht notwendigerweise die Rolle, die wir spielen, sondern die spezifische Art und Weise, wie wir zum Wohl aller auf die Impulse des Lebens antworten. Dabei ist das, was man das Setzen einer Intention nennt, eine der kraftvollsten Möglichkeiten, den Tag zu beginnen. Wir entscheiden dabei ganz bewusst, wie wir auf andere reagieren möchten, unabhängig davon, wie andere uns sehen oder mit uns umgehen.

Da alles ein Geschenk ist, besteht die Klarheit in Bezug auf den Zweck des Lebens darin, zu entscheiden, was der Zweck unserer eigenen Existenz sein soll – indem wir entscheiden, wie wir die Menschen, denen wir begegnen, emotional unterstützen. Sobald wir uns darüber im Klaren sind, welche Gaben wir ganz konkret mit anderen zu teilen bereit sind, wird das Wissen um unsere Großherzigkeit dafür sorgen, dass wir die Erfahrungen anderer Menschen energetisch nicht mehr übernehmen.

Sobald wir nämlich entschieden haben, welche Geschenke wir mit anderen teilen wollen, verankert sich unser Bewusstsein immer mehr darin, die Gaben zu empfangen, die wir selbst geben, statt die emotionale Dichte zu übernehmen, die unser Energiefeld in anderen heilt.

Ein Opfer wird nicht durch die gegebenen Umstände definiert, sondern dadurch, wie wenig der Mensch sich der Gaben bewusst ist, die geben er geboren wurde. Genauso ist ein Held nicht jemand, der niemals Angst empfindet, sondern jemand, der nicht zulässt, dass Zweifel, Bedenken und Unsicherheiten ihn davon abhalten, sein Licht zu zeigen. Wenn wir uns vom Egozustand zur Seelenebene hin entwickeln, verwandelt sich das innere Opfer in einen erlösenden Helden. Wir leben dann unsere Existenz mit einem höheren Sinn, indem wir Dinge ganz bewusst zum Wohle aller tun.

Da alles eins ist, werden die Geschenke, die wir anderen immer wieder anbieten, zu den Erfahrungen, die wir als Leben verstehen, und zu der Linse, durch die wir die Realität betrachten. In gleicher Weise verhält es sich, wenn wir nicht über die Gaben entschieden haben, die zu geben wir geboren wurden. Dann nämlich führt ein Mangel an Absicht zu Erfahrungen von Mangel.

Um die Frage der Lebensaufgabe zu klären, bedenke bitte die Weisheit der folgenden Fragen:

Welche Emotionen möchtest du andere in deiner Gegenwart erleben lassen?

Handelt es sich um dieselbe Emotion, die du selbst gerne öfter fühlen möchtest?

Wie würde dein Tag verlaufen, wenn du stärker darauf fokussiert wärst, emotionale Geschenke an andere zu verteilen, anstatt das zu fühlen, was andere zurückhalten?

Was wäre, wenn der beste Weg zur Transformation der kollektiven Opferhaltung der Menschheit darin besteht, bewusste Entscheidungen zu treffen, die die Welt nicht zu treffen scheint?

Was wäre, wenn du nur dann von der Energie der anderen nach unten gezogen wirst oder ihre Konditionierung in dir aufnimmst, wenn du dich der Welt darin anschließt, die Gaben, die in dir stecken, zurückzuhalten?

Sobald du dich für das Gefühl entschieden hast, das andere es in deiner Gegenwart wahrnehmen sollen (und das auch das Gefühl sein kann, das du selber gerne öfter fühlen würdest), erkläre bitte deine Lebensaufgabe, indem du die von dir gewählte Emotion in der Lücke des folgenden Textes einträgst.

Als eine Möglichkeit meine Lebensaufgabe zu zeigen, habe ich die Absicht, andere mit ________________ zu segnen, unabhängig davon, wie sie mich sehen oder sich mir gegenüber verhalten wollen.

Das alte Szenario des »Fake it till you make it« (Tu so als ob, bis du es kannst) wurde genutzt, um den Körper dazu zu bringen, positivere emotionale Zustände zu erzeugen. Es ist jedoch viel mehr so, dass wir die Gaben, die wir anderen zuteilwerden lassen, selbst im Geben fühlen. Nimm wahr, wie wir gar keine speziellen Emotionen fühlen müssen, um jemanden mit genau den Gefühlen zu segnen, die wir selbst gerne empfangen würden. Jemanden zu segnen ist immer eine authentische Handlung, mit der wir uns selbst besser fühlen, indem wir uns auf die positiven Gaben konzentrieren, die wir mit anderen teilen.

Wenn sich dies vielleicht wie ein zu großer gedanklicher Schritt anfühlt, bedeutet er im Grunde lediglich die Notwendigkeit, dich selbst zum Mittelpunkt deiner Fürsorge zu machen. Als Anker herzbasierten Bewusstseins werden die guten Taten, die du anderen widmest, auch deine eigenen Erfahrungen erheben. Genauso erhebt das Gute, das wir uns selbst tun, die Welt um uns herum. Das ist das Wunder der Einheit.

Die Anatomie des Lächelns

Ein besonders kraftvoller Weg Gutes zu tun besteht darin, öfter zu lächeln. Zu lächeln bedeutet, dein Wohlwollen zu schenken. Es ist der Funke göttlicher Energie zwischen zwei Menschen, die den Vorhang der Wahrnehmung zurückziehen, um sich an das Licht zu erinnern, das in uns allen wohnt. Ein Lächeln ist eine unbewusste ethische Übereinkunft, die die

Art und Weise, wie die Gesellschaft oft andere als Fremde ansieht, durch unsere offene Umgangsweise ersetzt, wann immer sich Augen in direktem Kontakt treffen. Mit unserem Lächeln feiern wir unsere reinen, unschuldigen Herzen, immer bereit und willens, voller Freude auf inspirierende Momente zu reagieren – unabhängig davon wie betrübt, gebrochen, oder besiegt wir uns in der Vergangenheit auch fühlten.

Ein Lächeln ist eine Freiheitserklärung, die aus unserer immerwährenden befreiten Natur aufleuchtet und durch die kosmische Sprache der Stille hindurch leidenschaftlich ruft: »Ich bin hier. Ich bin wichtig. Ich existiere aus gutem Grund.« Ein Lächeln ist ein Geschenk emotionaler Großzügigkeit, vergleichbar einem Geschenkgutschein für heilsame Energie, bei dem der Empfänger sich aussuchen kann, wo er diese Energie für die Entwicklung seiner Seele am besten einsetzen will. Ein Lächeln ist eine Bestätigung dafür, dass wir mit der Quelle im Einklang und in unserer höchsten Wahrheit verankert sind. Hingegen wird die Notwendigkeit einer tieferen Veränderung deutlich, sobald wir den Blick abwenden, uns zurückziehen und uns verstecken.

Ein Lächeln ist wie ein High Five (Händeabklatschen) unter Engeln, das ihren vollkommenen Sieg bekräftigt, egal, wie die Umstände sein mögen. Ein Lächeln ist ein sich Erinnern an den Himmel, das aus dem reinsten Raum in uns stammt, um die Reinheit in Allem zu wecken. Ein Lächeln ist ein Symbol für erwachtes, herzbasiertes Bewusstsein, das alles, was heil, richtig und vollkommen am gegenwärtigen Augenblick ist, bejaht – genau so, wie es ist.

Ein Lächeln ist ein spiritueller Waffenstillstand, der nur denjenigen Anteilen und Aspekten der Persönlichkeit eine Niederlage bringt, die nie dazu geschaffen wurden, weiter voranzukommen.

Ein Lächeln ist ein Moment tiefer Hingabe, in dem du nichts mehr zusammenhalten brauchst und keinen Entwicklungsprozess managen musst, der viel zu beschäftigt damit ist, sich um dich zu bemühen als dass er dich über seinen Plan informieren könnte.

Ob es ein leidenschaftlicher Blick unter Liebenden ist, die Bewunderung von Eltern für ihr Kind, die Unterstützung von Freund zu Freund oder eine Geste, die die Grenzen zwischen verschiedenen Gemeinschaften überbrücken kann – möge der Rest unserer Lebensreise eine Gelegenheit sein, uns an die Kraft unseres Lächelns zu erinnern. Falls wir unser Lächeln verloren zu haben scheinen, ist dies schlichtweg eine Gelegenheit, das Lächeln anderer bewusst wahrzunehmen – selbst, wenn es jemand anderem gilt –, um wieder mit der Freude in Verbindung zu kommen, die in uns lebt.

Wenn wir uns die Zeit nehmen, bewusster, offener und authentischer zu lächeln, dürfen wir uns daran freuen, wie oft wir die Gelegenheit bekommen, positiv mit der Einheit des Lebens zu interagieren – einfach nur dadurch, dass wir uns immer öfter den einfachsten und herzlichsten Handlungen der Freundlichkeit widmen. Mögen wir unsere unendliche innere Quelle des Glücks kennen lernen, die wir mit größerer Bewusstheit empfangen können, je öfter wir uns öffnen und es wagen unser Licht scheinen zu lassen.

Alles ist eine Frage der Wahl

Indem wir herzbasiertes Bewusstsein mit Hilfe der Lehren und Praktiken des neuen spirituellen Paradigmas pflegen, können wir die uns zur Verfügung stehenden Wahlmöglichkeiten besser erkennen, ohne den Verlauf jeder Situation kontrollieren zu wollen. Sobald das Bewusstsein für unsere Wahlmöglichkeiten wichtiger wird als unser Wunsch nach Kontrolle, haben wir die uns innewohnende Freiheit des Seins entdeckt. Aus der Egoperspektive wird Freiheit darin verstanden, unsere Wirklichkeit im Griff zu haben. Das kommt daher, dass wir uns im Großteil unserer schmerzlichen Momente als von der Realität beherrscht erlebt haben – von einer Realität, die alle möglichen Charaktere schuf, um auf unsere Erfahrung Einfluss zu nehmen. Jemand, der sich von anderen in der Vergangenheit kontrolliert fühlte, sehnt sich oft danach, der Kontrollierende zu sein, einfach, um möglichem zukünftigen Schmerz und Einschränkungen zu entgehen. Diese Verlagerung vom Opfer zum Jäger tritt während der Inkubationsphase des Egos häufig auf. Sobald wir uns jedoch auf der Seelenebene ausdehnen, können wir zum Wesen unserer wahren Freiheit finden, ohne irgendetwas aufzwingen, manipulieren oder kontrollieren zu müssen.

Opfer und Jäger

Opfer und Jäger agieren als die beiden grundlegenden Archetypen des Egos. Dabei repräsentiert das Opfer den passiven Aspekt, während der Jäger die aggressive Seite der menschlichen Konditionierungen darstellt. Im Grund bestehen die Bewegungen des Egos aus verschiedenen Mustern passiv-aggressiven Verhaltens. Es ist die unbewusste Energie dieses passiv-aggressiven Verhaltens, die Aktivitäten der Besorgnis, der Antizipation und des Bedauerns auslöst oder sich als Reaktionen von Angriff, Flucht oder Erstarrung zeigt. Ob wir länger in einer der beiden archetypischen Rollen verweilen oder ständig hin- und herwechseln – der tiefere Sinn unbewussten Verhaltens liegt darin, emotionalen Schub aufzubauen, der einen Perspektivenwechsel in Bewegung setzt.

Es gibt viele Wege und Ansätze, um aus dem Inkubationsschlaf des Egos zu erwachen. Solange wir allerdings nicht wirklich in herzbasiertem Verhalten verwurzelt sind, versuchen wir oft das Opfer in ein spirituelles Opfer zu transformieren und den Jäger in einen spirituellen Jäger. Aus diesem Grund ist es so überaus wichtig, sich immer daran zu erinnern, dass alles dafür da ist um uns zu unterstützen. Wenn das Leben auf deiner Seite ist, selbst wenn es sich über Persönlichkeiten manifestiert, die dein Strahlen und deine Freude zu untergraben scheinen, wirst du in Verbindung mit allen dir zur Verfügung stehenden Wahlmöglichkeiten sein, die keine Person, Ort oder Ding dir jemals wegnehmen kann.

Das Wesen des Konflikts

Das Wesen des Konflikts ist ein Zustand von Disharmonie, der dann auftritt, wenn Opferhaltung auf Jägerverhalten trifft. Selbst wenn ein Opfer einem anderen Opfer begegnet, wird derjenige, der mehr im Ego verhaftet ist, zu einem aggressiven Jäger, wenn das Gegenüber sich noch mehr in seine Opferrolle zurückzieht. Dasselbe findet statt, wenn Jäger auf Jäger trifft. Unweigerlich behauptet sich einer der beiden als das Alphatier des Augenblicks und reduziert den anderen Jäger auf eine opferähnliche Rolle.

Wir haben uns als Engel in Ausbildung inkarniert, um diese schmerzhaften Muster menschlichen Leidens zum Besten aller aufzulösen und zu transformieren. Da alles eins ist, umfassen die Entscheidungen, die wir getroffen haben, um unsere höchsten Seeleneigenschaften zu kultivieren, die vier Säulen der Selbstliebe und die fünf Stufen der Hingabe zu vollenden. Dies hilft uns dabei, eine Energie auszustrahlen, die herzbasiertes Bewusstsein überall auf unserem Planeten wecken kann.

Ein neues spirituelles Paradigma verankern

Sobald die Art und Weise, wie wir den Moment betrachten und uns auf ihn zu reagieren entscheiden, unser wichtigstes Anliegen wird, können wir beherzt voranschreiten und unsere Rolle als Anker eines neuen spirituellen Paradigmas ausfüllen.

Opfermentalität ist ein Zustand, in dem wir durch die Entscheidungen anderer beeinträchtigt werden und uns gleichzeitig weigern, die uns zur Verfügung stehenden Wahlmöglichkeiten in Anspruch zu nehmen. Jägermentalität hingegen bedeutet, sich durch die Verletzungen der Vergangenheit so von allem abgeschnitten zu fühlen, dass wir versuchen, die Wahlmöglichkeiten anderer zu beschneiden, um ein derart großes Ausmaß von Kontrolle zu erlangen, das niemals erreicht werden kann. Volle Handlungsfähigkeit dagegen bedeutet zu erkennen, dass alles dazu da ist, um dich darin zu unterstützen, deine höchsten von Herzen kommenden Entscheidungen zu treffen. Diese werden deine Seelenerweiterung fördern, unabhängig davon, wie schwierig oder entmutigend sich ein Augenblick für dich gerade darstellt.

Wenn du in herzbasiertem Bewusstsein verankert bist, stellt sich alles als Wahlmöglichkeit dar. Wir mögen uns die Umstände nicht ausgesucht haben und uns in einer Umgebung befinden, die uns nicht zusagt. Trotzdem haben wir immer Wahlmöglichkeiten und die Fähigkeit, die Botschaften der Quelle wahrzunehmen, die uns dazu bringen, aufrechter, mutiger, bedachter und liebevoller zu werden.

Wenn Menschen sich in unserer Gegenwart liebevoll verhalten, ist dies eine Einladung der Quelle, höhere Lichtschwingungen zu kultivieren, indem wir ebenfalls liebevoll zu ihnen und auch uns selbst gegenüber sind. Sind andere Menschen grausam, lädt uns die Quelle dazu ein, uns noch mehr in unsere Selbstliebe zu versenken und damit die Schwingung des Planeten anzuheben. Es hat keinen evolutionären Nutzen, in entwürdigenden und emotional vergifteten Verhältnissen zu verharren. Wir haben immer die Freiheit, uns in eine Position größerer Sicherheit zu begeben und mitzuhelfen, jegliche Opfer- und Jägermentalität zu transformieren, indem wir uns selbst lieben.

Gemäß dem Gesetz des Einheitsbewusstseins müssen wir nicht unbedingt einen Raum mit Opfern oder Jägern teilen, um zu helfen diese Muster aufzulösen. Stattdessen können wir uns lediglich die Zeit nehmen, uns selbst und andere besser zu behandeln, als wir jemals zuvor behandelt worden sind – sei es in der öffentlichen Kommunikation mit der Quelle oder indem wir unser Herz für uns im Privaten umarmen.

Vielleicht hast du geglaubt, dass schlecht behandelt zu werden bedeutet, dass etwas mit dir nicht in Ordnung war und es deshalb passiert ist. Sich für die Umstände des Lebens die Schuld zu geben kann schnell zu Mustern *spiritueller* Opferhaltung führen. Tatsache ist: nichts an dir ist falsch. Stattdessen ist jeder Moment eine Gelegenheit, die verschiedenen Muster des Kollektiven zu heilen, die sich als die Höhen und Tiefen deines persönlichen Lebenswegs ausdrücken.

Je öfter wir die Kraft unserer Entscheidungen auf möglichst herzbasierte Weise annehmen, desto leichter ist es, die Gesamtheit der Menschen bei ihrer Transformation zu unterstützen, ohne gleichzeitig in die Schwere ihres Schmerzes gezogen oder durch heilungsbedürftige Themen in anderen verletzt zu werden.

Je mehr die passiv-aggressiven Muster der Jäger- und Opferrolle wieder der Quelle übergeben und im Licht unserer Seele integriert werden, desto leichter ist es, jeden Menschen als Verbündeten wahrzunehmen, auch wenn er wie ein Feind verkleidet erscheint. Aus dieser Perspektive, in der alles zu deiner Unterstützung da ist, bist du es, der allem hilft, sich zu transformieren – einfach, indem du es wagst, inspirierte Entscheidungen zu treffen.

Ganz göttlich, ganz Mensch

Einheitsbewusstsein bedeutet die Erkenntnis, dass alles eins ist. Es ist die bestimmende Kraft des Universums, die sich über das absolute Gesetz der Liebe im unendlichen Raum ausdrückt und das Eins-Sein erkennt. Wenn die Wahrheit der Einheit vollkommen verkörpert wird, ist die Gnade des herzbasierten Bewusstseins erweckt worden. Dies geschieht, indem das Ego in die Seele integriert wird, um als selbstverwirklichter Ausdruck der Energie der Quelle wieder zum Vorschein zu kommen. Anstatt es als den Austausch persönlicher Erfahrungen gegen eine spiritueller ausgerichtete Realität zu sehen, versuche, es als die Ankunft unseres Höchsten menschlichen Potentials zu betrachten – als die Vollkommenheit der Göttlichkeit in physischer Form.

Aus diesem Grunde lautet das Mantra des neuen Paradigmas »Ganz göttlich, ganz menschlich«. Im Prinzip kultivieren wir unsere höchsten kosmischen Eigenschaften, um unsere reinsten und erfüllendsten persönlichen Erfahrungen zu manifestieren. Daher sind menschliche Wesen auch keine nachrangigen Manifestationen der Energie der Quelle, sondern ermöglichen es ihr viel mehr, ihre Vollkommenheit durch die sinnliche Welt von Zeit und Raum auszudrücken.

Wir sind keine gebrochene Spezies von Wesen, die ziellos durch unser Sonnensystem kreist. Wir sind das wundersame Potenzial der ewigen Wahrheit des Lebens und erleben gerade eine radikale globale Transformation durch die Heilung und Erweckung jeder einzelnen Person.

Wir werden uns unserer selbst als göttliche Gnade in der Form bewusst. Indem wir es wagen, uns auf diese Art und Weise zu sehen und unsere innere Unschuld so anzunehmen, wie die Quelle sie schon immer angenommen hat, können wir die Welt verändern.

Uns selbst als die Wahrheit zu erkennen, ist Weisheit. Diese Weisheit sowohl in uns als auch in anderen anzunehmen, ist die lebendige Realität der Liebe.

Indem herzbasiertes Bewusstsein von innen kultiviert wird und nach außen abstrahlt, werden mehr und mehr Menschen dazu inspiriert, sich an ihre wahre Natur zu erinnern – einfach, indem sie sich in der Gegenwart von Menschen aufhalten, die zu lieben wagen. Das ist der Grund, aus dem wir hier sind. Es ist unsere Aufgabe, die wir in der Entfaltung unseres persönlichen Schicksals erfüllen müssen – eines Schicksals, das garantiert, dass wir nichts in irgendeiner Form falsch machen können.

Unabhängig von unserem Verhalten oder der Art, wie wir uns geben, sind wir alle göttliche Wesen. Wir sind alle menschlich, unabhängig davon, wie viele spirituelle Einsichten wir auf unserem Weg bereits gewonnen haben. Da wir aus liebender Vollkommenheit stammen, sind wir dazu bestimmt, zur Vollkommenheit der Liebe zurückzukehren, egal, wie unvollkommen die Dinge sich auch entfalten mögen. Da alles nur zu deiner Unterstützung da ist, muss alles, was du sagst und tust, der Entwicklung des großen Ganzen dienen. Diese Aussage soll nicht dazu dienen, grausames Verhalten oder das Beibehalten von selbstzerstörerischen Mustern zu rechtfertigen. Vielleicht kann sie dir aber dabei helfen, deine innere Kontrolle soweit zu lockern, dass du dein Leben mehr aus Sicht der Quelle sehen und dich an die große Aufgabe erinnern kannst, die du bereits lebst.

Mit Liebe manifestieren

Da wir aus einer Quelle liebender Vollkommenheit heraus geboren wurden, kehrt die Vollkommenheit unseres Lebensweges zur Quelle zurück und manifestiert dabei Liebe als anfassbare Realität. Weil dies aus der Seelenperspektive durch die Integration des Egos geschieht, können wir mit der Energie der Quelle zusammenarbeiten, um wunderbare Realitäten zu manifestieren. Sobald wir die fünf Stufen der Hingabe vollendet haben und immer öfter ganz natürlich auf Basis der vier Pfeiler der Selbstliebe handeln können, erhalten wir Zugang zu wunderbaren neuen Abenteuern, die wir auf unserer Reise durch die Zeit in unser Leben ziehen können.

Während das Gesetz der Anziehung typischerweise als Werkzeug gelehrt wird, um alles zu bekommen, was du dir wünschst, wird diese Idee erstaunlich einfach und emotional unterstützend, sobald du eine herzbasierte Erklärungsweise dafür annimmst, warum Dinge angezogen werden. Wenn wir Widrigkeiten angezogen haben, dann nur aus dem Grund, um unsere stärksten selbstbegrenzenden Glaubenssätze zu widerlegen, indem wir uns beweisen, was wir alles überleben können. Jeder einzelne Moment der Zeit wurde wie eine sich immer weiter ausdehnende emotionale Entwicklung eines Helden einer epischen Saga erschaffen.

Sobald wir in der Seelenperspektive gut verankert sind, machen wir uns weniger Gedanken über das, was passiert, und konzentrieren uns mehr darauf, wie wir auf die gegebenen Umstände reagieren. Das Gesetz der Anziehung ist dafür da, uns an die kosmischen Gesetze der göttlichen Vollkommenheit zu erinnern, die besagen, dass alles zugunsten unserer positiven Entwicklung geschieht, auch wenn es sich als schlimmstmögliches Szenario darstellt. Hierbei handelt es sich nicht nur um eine inspirierende Idee, sondern um ein Gesetz des Universellen Willens, das besagt, dass alles unsere höchste Ausdehnung unterstützt.

Sprich deine Wahrheit

Jeder Moment wird geschaffen, um uns dabei zu helfen, unsere höchsten Qualitäten, unsere kraftvollsten Antworten und die strahlenden Eigenschaften einer voll erwachten Seele zu kultivieren. Diese sind die wichtigsten Werkzeuge, mit dem wir alle Bereiche unseres Lebens transformieren können. Wir sind bereits die Wahrheit der göttlichen Quelle, die in der Einzigartigkeit eines Individuums Form und Gestalt annimmt. Daher können wir, sobald wir zu vollkommener Hingabe fähig sind, damit beginnen, im Namen der Liebe Bitten auszusprechen, damit sich die Realität unserer tiefsten Wünsche manifestieren kann.

Bevor wir zur Hingabe fähig sind, ist es einfacher für uns daran zu glauben, dass wir dann am glücklichsten sind, wenn die Dinge sich im Außen zum Positiven verändern. Aus genau diesem Grund haben wir mit dieser inneren Haltung keinen Zugang zu diesen Kräften. Wäre das nicht so, könnten wir immer das haben, was wir wollen und würden dabei auf einem Bewusstseinsniveau stagnieren, das es uns nicht erlaubt, uns würdig zu fühlen oder von solchen Wünschen erfüllt zu sein. Aus genau diesem Grund sind die ersten Etappen der spirituellen Entwicklung so grundlegend. Sind wir erst einmal energetisch darauf vorbereitet, die Lichtfrequenz zu verkörpern, die die Entwicklung des Planeten unterstützt, sind wir bereits in unserem eigenen Wert und dem Bewusstsein verankert, zu haben was wir haben wollen, ohne dabei unsere Macht nach außen abzugeben.

Erst nachdem wir gelernt haben, wie glücklich, heil, zufrieden, liebevoll, friedlich und frei wir unabhängig von der Erfüllung unserer Wünsche sein können, sind wir erfolgreich in eine aufregende neue Realität eingetreten. Hier können sich unsere Wünsche als Spiegel unserer sich ständig ausdehnenden Schwingung manifestieren.

Wenn wir die höchsten Qualitäten unserer Seele hervorbringen, indem wir jeden Auslöser für unser spirituelles Wachstum respektieren, anerkennen und willkommen heißen, können wir ganz locker kundtun, welche Dinge, Ereignisse, Ressourcen und Ergebnisse wir gerne erleben würden, weil wir dabei ganz sicher in unserem Herzen wissen, dass wir nur fähig sind, diejenigen Wünsche in unsere Wirklichkeit zu ziehen, die unsere höchste Entwicklung unterstützen. Das ist es, was es bedeutet, deine Wahrheit zu sprechen. Zuerst einmal werden wir zu der Wahrheit, die bereits in uns wohnt, so dass wir die Wahrhaftigkeit unserer tiefsten Herzenswünsche aussprechen können. Gleichzeitig erfüllen wir die Wünsche des Universums als engelsgleiche Anker eines herzbasierten Bewusstseins.

Im neuen spirituellen Paradigma wiegen die Freude am Erbitten unserer Wünsche und die Freude am Empfangen auf energetischer Ebene gleich viel. Das bedeutet, dass wir uns jedes Mal, wenn wir einen Wunsch offen aussprechen, als Fürsprecher unserer eigenen Unschuld betätigen und ihr damit erlauben, ganz frei und ohne Zögern oder Beschränkungen zu wünschen, was sie möchte. Das bedeutet natürlich nicht, dass wir immer bekommen werden, was wir wollen oder dass die Dinge, die wir begehren, immer in unserem besten Interesse sind.

Da alles dazu da ist dich zu unterstützen, geht es im Leben darum, ein Gefühl für unseren eigenen Wert zu entwickeln, sodass wir um die Erfüllung unserer Wünsche bitten können und gleichzeitig unserer höchsten Weisheit erlauben, genau das zu offenbaren, was wir brauchen, um zur nächsthöheren Bewusstseinsstufe aufsteigen zu können. So oft werden Menschen nämlich nicht durch die momentanen Umstände ihres Lebens ihrer Kraft beraubt, sondern von ihrem tiefen Gefühl der Wertlosigkeit *erstickt*. Dieses Gefühl führt dazu, dass sie sich danach sehnen, Wünsche manifestiert zu sehen, um aus einem Empfinden der Sicherheit heraus um Dinge bitten zu können. Selbst wenn du um etwas bittest und es nicht bekommst, kannst du durch die Anmut eines hingebungsvollen Herzens eine Freude entdecken, die unabhängig von Gewinn und Verlust ist. Sie wird umso stärker in dir sein, je mehr du ohne Anhaftung an das Ergebnis über deine Wünsche sprechen kannst.

Um den Selbstwert dafür zu kultivieren, die Wahrheit deiner tiefsten Herzenswünsche zu sprechen, bedenke bitte die Weisheit der folgenden Fragen:

Was wäre, wenn um etwas zu bitten schneller Freude in unser Leben bringt als darauf zu warten, es zu bekommen?

Wie wäre es, wenn die Erfüllung dessen, was wir wollen, uns nicht garantiert, uns auch würdig zu fühlen, es vollständig anzunehmen?

Wie wäre es, wenn wir das, was wir uns wünschen, zwar immer bekämen, aber erst in dem Moment, in dem es unsere höchste Entwicklung fördert?

Was wäre, wenn es das schlimmstmögliche Szenario wäre, unseren Wunsch in einem Moment erfüllt zu bekommen, in dem wir nicht bereit dazu sind, ihn vollständig zu empfangen?

Wie kann jeder Moment, in dem wir nicht bekommen, was wir wollen, zu einer Gelegenheit werden, die Weisheit des Universums mit noch größerem Vertrauen, Ehrfurcht und Respekt anzunehmen?

Könnte das Warten auf das, was wir wollen, das Beste für uns sein, egal wie verzweifelt oder unvollkommen wir uns deswegen fühlen mögen?

Je hingabefähiger du wirst, desto leichter kannst du erkennen, wie das Bitten um das, was du möchtest, es dir bereits ermöglicht, dich ermächtigt und unterstützt zu fühlen – egal, ob die Dinge sich für dich manifestieren oder nicht. Aus dieser Haltung wiedergewonnener Klarheit, hilfst du dabei, die Wirklichkeit zum Wohle aller zu verändern, indem du dich einfach daran erinnerst, dass alles zu deiner Unterstützung da ist.

Um alle Erkenntnisse zusammenzubringen, bedenke bitte die Weisheit der folgenden, zu einer einzigen Heilungserklärung zusammengewobenen Aussagen aus dem Buch oder wiederhole sie laut:

Ich akzeptiere, dass das Ego die Seele in den Tiefschlafphasen der Inkubation darstellt. Es darf nicht bekämpft, abgelehnt oder verleugnet werden, egal wie schmerzhaft es sich anfühlen mag, wenn es sich zwischen den Mustern der Sorge, der Antizipation und des Bedauerns hin und her bewegt. Ich akzeptiere, dass ich mir über keine der Sachen, die ich glaube oder mir vorstelle, Sorgen mache, sie antizipiere oder bedaure.

Stattdessen agiere ich diese Muster einfach aus, um genügend Energie aufzubauen, die das Erwachen meines Bewusstseins beflügelt. Weil ich weiß, dass dies so ist, erlaube ich allen Aspekten meines inneren Krieges geheilt und aufgelöst zu werden, indem ich meiner Seele mehr Raum für ihre Erweiterung gebe. Ich nehme meine tiefste Heilung im Namen der Liebe an und weiß, dass alle Muster, die ich in mir selbst auflöse, dabei helfen, jedes Herz vollständig zu transformieren – denn wir sind eins.

Dies hilft mir anzuerkennen, dass meine Entwicklung nicht darin besteht, mich unter einem spirituellen Mikroskop zu sezieren, sondern es vielmehr darum geht, den angeborenen höchsten Qualitäten meiner Seele zu erlauben, ihr Licht immer beständiger und bewusster durchscheinen zu lassen. Dies geschieht, indem ich das Göttliche in anderen respektiere und Hinweise annehme, die mir gegeben werden, so dass ich den einzigartigen Heilungsweg jedes Individuums bestmöglich unterstützen kann. Zudem heiße ich alle Umstände willkommen, die meine größte Ausdehnung inspirieren, egal ob diese meinen Wünschen entsprechen oder nicht.

Weil ich weiß, dass es so ist, erlaube ich den höchsten Eigenschaften meiner Seele, in mir aktiviert zu werden und ihr Licht zum Wohle aller nach außen zu strahlen. Von jetzt an bin ich ganz in der Begeisterung verankert, die ich angesichts der Gaben empfinde, die ich anderen anbieten kann. Ich muss keine Angst davor haben, was andere mir nehmen könnten oder was sie meinem Herzen vorenthalten.

Es gibt einen Grund, aus dem ich hier bin. Meine Existenz hat einen Sinn. Ich bin hierhergekommen, um etwas zu bewirken.

Ein offenes, empfängliches Herz zu haben, macht es mir einfacher zu erkennen, wie alles, was ich erlebe, zu meiner Unterstützung da ist.

Egal, ob es sich um emotionale Schlacken handelt, die aus meinem Energiefeld gereinigt werden oder um Schichten unbewussten Verhaltens, die durch das Kollektive geheilt werden: ich ehre jeden Gedanken und jedes Gefühl für seinen höchsten evolutionären Nutzen.

Ich nehme die Beschaffenheit der Widrigkeiten von Herzen an, die mir dabei hilft, einen passenden Schmelzpunkt zu schaffen, bei dem meine Starrheit sich in das Licht meiner ursprünglichen Natur verwandelt. Ich ehre das Geschenk des Verlusts, da es in meiner Realität Raum für das Erscheinen größerer Geschenke schafft. Ich erkenne den tieferen Daseinsgrund der Angst als ein Signal des Universums für bevorstehendes Wachstum an. Ich respektiere die Weisheit der Wut, die mir anzeigt, wann jemand von seinen inneren Heilungsprozessen zu überwältigt ist, um in der Lage zu sein, auf herzbasierte Art und Weise zu interagieren. Ich heiße Bewertungen als Helfer willkommen, die mir begrenzende Glaubenssätze aufzeigen, die ich aus meinem und dem Energiefeld anderer entlasse. Ich nehme das Geschenk des Grübelns als Signal an, das mir zeigt, wie offen oder verschlossen mein Herz gerade ist.

Ich erkenne den tieferen Daseinsgrund der Traurigkeit, die genau dann eintritt, wenn das Ego sich auflöst. Ich verstehe, dass es eine positive Seite der Enttäuschung gibt, da dem Ego weitere Erlaubnis zur Auflösung gegeben wird, wenn es seinen Willen nicht bekommt. Ich wertschätze die offenbarende Kraft der Eifersucht als einen Vorgeschmack auf größere Segnungen, die in mein Leben treten werden. Ich begrüße Groll als einen unerwarteten Befreier, der mir die Bereiche meines Lebens verdeutlicht, in denen ich den vollen Ausdruck meines freien Willens noch zurückhalte.

Statt mich im Lärm des Konflikts zu verheddern, kann ich jeden spirituellen Verbündeten durch die Kraft meines Atems respektieren, ehren und willkommen heißen. Indem ich das tue, lebe ich meine Bestimmung als Engel in menschlicher Form. Ich habe mich inkarniert, um die Gemeinschaft zu erheben, ohne dafür mein Licht unter den Scheffel zu stellen oder mich an die Schwingungen anderer anpassen zu müssen.

Mit erneuerter Klarheit kann ich sehen, wie Auflösung nicht von größeren spirituellen Erfahrungen bedingt wird, sondern dadurch, dass ich es zulasse, dass die subtilsten Energien von der bereits in mir wohnenden höchsten Bewusstseinsschwingung angenommen werden. Dies geschieht, wenn ich die vier Pfeiler der Selbstliebe als Weg annehme, der mich darin unterstützt, den bereits begonnenen Heilungsprozess zu integrieren.

Ich nehme mir die Zeit gut ausgeruht, im Raum verankert, in Übereinstimmung mit meinem Atem und in Frieden mit der Zeit zu sein und vertiefe dadurch die heilige Partnerschaft mit mir selbst. Aus dieser Haltung heraus wird emotionale Empfänglichkeit zu einem Tor zu transzendenten spirituellen Erfahrungen, die schneller zu mir kommen, als ich ihnen hinterher sein kann.

Dabei erhöhe ich meine Schwingung als Botschafter des Wohlbefindens, um die Welt dazu zu inspirieren, liebevoller und mitfühlender zu werden. Dies geschieht schlichtweg dadurch, dass ich mir die Zeit nehme, gut für mich selbst zu sorgen.

Mit mehr Begeisterung, Glauben und Vertrauen als jemals zuvor nehme ich alles als Antrieb für meine spirituelle Entwicklung an, egal wie unangenehm, schmerzhaft, verwirrend oder frustrierend es zu sein scheint. Mithilfe der Weisheit der Goldenen Frage erlaube ich mir, die schlimmsten Dinge, die mir bisher zugestoßen sind, als die besten Chancen anzunehmen, die mir für mein Wachstum und meine Entwicklung gegeben wurden.

Indem ich die Auswirkung meiner Gefühle von den Personen trenne, die sie hervorgerufen zu haben scheinen und sie nicht länger dafür beschuldige, erlaube ich mir, meine Emotionen von ganzem Herzen zu fühlen. Dies ist ein Beitrag zu meinem eigenen Heilungsprozess und der spirituellen Erweiterung aller Menschen. Aus dieser Perspektive größerer Sicherheit aktiviere ich die Kraft der wahren Vergebung, indem ich allen gegebenen Personen verzeihe und mich daran erinnere, niemals das eigentliche Ziel irgendeines Angriffs gewesen zu sein. Stattdessen bin ich Zeuge der vielen Wege, auf denen die göttliche Quelle durch das Erwecken jedes einzelnen Herzens zu ihrer wahren Natur zurückkehrt. Dies vollendet die erste Phase meines Wegs der Hingabe und ein aufregendes neues Kapitel meiner Entwicklung wird mir eröffnet, in dem alles von Herzen angenommen und nichts verübelt wird.

Vielleicht habe ich mich inkarniert, um einen Auftrag zu erfüllen, der ein größeres kosmisches Bild unterstützt. Was wäre, wenn ich gar nicht erst mit karmischen Mustern von Fehltritten hierhergekommen bin, sondern stattdessen gewählt habe, Prägungen, Konditionierungen und zelluläre Erinnerungen zu tragen, um familiäre Verbindungen über Generationen hinweg zu heilen und die Menschheit durch meine eigene Heilung zu befreien? Da ich aus einer liebenden Quelle der Vollkommenheit entstanden bin, kann ich nur die Vollkommenheit einer liebenden Quelle sein. Indem ich um dies weiß, erlaube ich mir, meine Frustration, Langeweile, Einsamkeit und Verwirrung als Zeichen dafür anzunehmen, wie schnell ich mich ausdehne, statt sie als Gegner zu sehen, die man bekämpfen, verurteilen oder verleugnen muss.

Auch wenn sich die Muster meiner Erfahrungen wiederholen können, akzeptiere ich, dass sie ausschließlich meiner Entwicklung dienen und mir erlauben, dieselben Situationen jedes Mal auf einer höheren Bewusstseinsebene zu sehen. Dies verhilft mir dazu, meine Sicht auf das Leben von der Perspektive spiritueller Strafe hin zu spiritueller Entwicklung zu verändern, weil alles nur dazu dient, mir zu meinem höchsten Potenzial zu verhelfen.

So bin ich frei. Und angenommen. Und erlöst. Und erfüllt. Und so bin ich. Und so geschieht es.

Im Rahmen dieses Buches haben wir unsere Entwicklungsreise zu den Aspekten der höchsten Qualitäten der Seele respektiert, anerkannt und willkommen geheißen. Wir haben den Prozess des Ausgleichs unserer inneren männlichen und weiblichen Eigenschaften in Gang gesetzt und die vier Pfeiler der Selbstliebe angenommen, um unsere tiefste von Herzen kommende Hingabe möglich zu machen und uns in Frieden und Mitgefühl sowie mit Leichtigkeit zu entfalten. Wir haben gelernt, den Unterschied zwischen Verbündeten und Feinden als eine Frage der Perspektive zu sehen, während wir die wahre Bedeutung der Vergebung dadurch von Herzen annehmen, dass wir uns an das Licht der göttlichen Quelle in allen Dingen erinnern.

Dadurch, dass wir die Entwicklungsgeschenke ehren, die in jeder Begegnung enthalten sind, schreitet unser Wechsel vom Egozustand zur Seelenebene auf die herzbasierteste Weise weiter voran. Da wir nicht länger Opfer unserer Umstände sind, würdigen wir die Tiefe unseres Entwicklungsprozesses – als Engel in physischer Form, die sich inkarniert haben, um das Bewusstsein eines ganzen Planeten anzuheben.

Indem jeder von uns seinen ganz persönlichen Beitrag zur positiven Veränderung der Gemeinschaft leistet, erkennen wir, dass nicht die Geschehnisse an sich, sondern unsere Reaktion darauf den Verlauf unserer Meisterschaft bestimmen.

Diese Worte bereiten uns darauf vor, unsere Weisheit in die Welt hinauszutragen und sollen dabei treue Begleiter auf der vor uns liegenden Reise sein. Gleichzeitig verdienen wir größte Anerkennung für alle von uns bereits unternommenen Schritte und Ermutigung dafür, uns noch weiter auszudehnen, während wir die Schwelle zu einer aufregenden, ganz neuen Realität überschreiten.

Willkommen zuhause, liebe strahlende Engel. Willkommen zuhause.

KAPITEL 13

Tägliche Übungen

Eine spirituelle Reise kann man auf vielen Ebenen erkunden, je nachdem, ob wir ein Wochenend-Yogi, Gelegenheitsforscher oder gar ein eingefleischter Reisender unserer inneren Realität sind. Ob wir aus der Ferne beobachten oder bereit sind, die Ärmel hochzukrempeln und in die Tiefen unserer größten Erkenntnisse eintauchen – es ist eine Reise, die unseren aufrichtigen Einsatz fordert, damit unschätzbar wertvolle Einsichten und Erfahrungen in uns aufsteigen können.

Dabei ist Einsatz jedoch nicht mit Mühe zu verwechseln. Mühe ist oft davon bestimmt, wie hart wir uns anstrengen, während Einsatz einfach eine Frage dessen ist, wie beständig wir dranbleiben. Obwohl wir in vielen Bereichen unseres Lebens die Bereitschaft zur Anstrengung brauchen, ist es wichtig im Kopf zu behalten, dass sich noch mehr anstrengen nicht über die Ergebnisse entscheidet, die wir anstreben. Tatsächlich werden diese eher durch die Ernsthaftigkeit eines tieferen, spirituellen Engagements möglich gemacht. Um diesen Einsatz aufzubringen, müssen wir nicht unbedingt gut in einer bestimmten Technik sein, sondern sollten die Kunst der konsequenten Realisierung praktizieren. Dies bedeutet auch, dass spirituelle Meisterschaft keine zielgerichtete Errungenschaft irgendeiner Art sein kann. Ohne Ziele auf unserer ›spirituellen To-Do-Liste‹ abarbeiten zu müssen, entsteht unsere Meisterschaft, in dem wir jeden Schritt unseres täglichen Dranbleibens feiern.

Der Wert konsequenten Dranbleibens liegt darin, dass er während einer täglichen spirituellen Praxis möglich macht, die folgenden Fragen zu beantworten: Wie gut haben wir gelernt, uns aufmerksam den Schwierigkeiten in unserem Leben zu stellen? Wie oft kümmern wir uns selbst um unsere inneren Bedürfnisse, anstatt von anderen zu erwarten, unsere innere Leere zu füllen oder anstatt verbal auszuteilen, wenn das Leben nicht wie geplant verläuft? Haben wir die wahren Geschenke einer spirituellen Praxis darin entdeckt, dass wir jeden Tag wieder antreten und es dabei keine Rolle spielt, wie talentiert wir für die Ausübung sind, sondern wie oft wir bereit sind, mit uns selbst auf einer intimeren und authentischeren Ebene in Kontakt zu gehen?

Wenn sie in wahrer, aufrichtiger Hingabe verwurzelt ist, kann eine spirituelle Praxis viele Vorteile bieten, die unseren Entwicklungsprozess beschleunigen. Sie kann Heilungszeit verkürzen, zu enge Maßstäbe der uns selbst begrenzenden Vorstellungen erweitern und tiefergehende Erklärungen, für die sich in uns entfaltenden Mysterien bieten.

Wenn wir uns entscheiden, uns auf eine Übung einzulassen, die positiven körperlichen, emotionalen und energetischen Nutzen bringt, ermöglicht es unsere Fähigkeit, uns jeden Tag Zeit für unsere Selbstfürsorge und unser persönliches Wachstum zu nehmen, dass der Wert unserer höchsten Ethik wachsen kann. Solange eine spirituelle Praxis noch nicht zu einem unverzichtbaren Bestandteil unseres Tagesablaufs geworden ist, laufen wir weiterhin Gefahr, auf dem schwankenden Boden unvermeidlicher Veränderungsprozesse aus dem Gleichgewicht gebracht zu werden.

Je mehr eine spirituelle Ausübung jedoch zu einem festen Bestandteil unserer täglichen Routine geworden ist, desto größere Harmonie werden wir erleben, unabhängig von den Überraschungen, die das Leben für uns bereithält. Eine spirituelle Praxis verlangt nicht von uns, gut in etwas zu sein. Sie ist mehr ein Erforschen des Bemühens um regelmäßiges Ausführen.

Während das Ego sich möglicherweise darum bemüht, jede Ausübung so perfekt wie möglich zu gestalten oder nur Prozesse akzeptiert, die es meint, gut ausführen zu können, sieht die Seele eine spirituelle Praxis als Chance, die Fähigkeit der Beständigkeit zu stärken. Je beständiger wir in der Ausübung einer spirituellen Praxis sind, desto erfüllender werden die Beziehungen, die wir in uns und um uns herum gestalten. Daher definiert sich eine spirituelle Praxis als engagierte Aktivität, die durch die Umsetzung von Beständigkeit kultiviert wird. Je beständiger wir in unserer Ausübung sind, desto mehr können wir uns dem Geben und Empfangen von Liebe widmen.

Eine spirituelle Praxis hilft auch bei der Heilung von Wunden, die durch Ablehnung entstanden sind. Sind wir durch Erinnerungen an Ablehnung gezeichnet, können wir unserer Unschuld dabei helfen, emotionale Heilung zu finden, indem wir bereit sind, uns auf eine spirituelle Praxis einzulassen und damit aufhören, uns selbst in gleicher Weise zu verlassen, wie die Menschen in unserer Vergangenheit uns verlassen haben. Wenn wir es wagen, uns zu innerem Wohlergehen zu verpflichten – vielleicht mit mehr Authentizität und Hingabe, als irgendjemand uns jemals gegeben hat – stärken wir die Fasern unserer Persönlichkeit als ein sich entwickelnder Engel in physischer Form.

Es ist wichtig, eine Bandbreite verschiedener spiritueller Ausübungen für sich zu erkunden, um herauszufinden, welche davon unseren spezifischen Bedürfnissen am besten dient. So gibt es Zeiten, in denen wir mit bestimmten Übungen in Resonanz gehen, und Momente, in denen eine Übung ausgedient hat. Egal, welche Ausübung du annimmst oder auch wieder loslässt, es geht darum, sich jeden Tag Zeit dafür zu nehmen. Dabei spielt es keine Rolle, ob es für viele Jahre ein und dieselbe Ausübung ist, oder du im Laufe deines Lebens eine Vielzahl spiritueller Praktiken ausprobierst. Da die Auswirkungen einer spirituellen Praxis oft dazu beitragen, einen oder sogar alle vier Pfeiler der Selbstliebe zu stärken, ist es üblich, dass sich das Ego von einem Prozess, der zu seiner Auflösung führt, leicht überwältigt, erstickt oder gefangen fühlt. Egal, welche Technik oder Übung man verwendet: Im Prozess der Auflösung des Egos entsteht dabei oft die Fähigkeit, herzbasierter, ausgeruhter, im Raum gut verankert und im Frieden mit der Zeit zu agieren. Unser Ego versucht dabei, intakt zu bleiben und hofft, genau diese Übungen zu meistern, die darauf ausgerichtet sind, es bei seiner Integration zu unterstützen. Daher ist es so überaus wichtig, unsere spirituelle Praxis mit liebevoller Nachsicht auszuüben, so dass das Ego in Frieden und mit Leichtigkeit loslassen kann.

Eine spirituelle Praxis hat nie das Ziel, als Waffe gegen das Ego eingesetzt zu werden, sondern ist eine Gelegenheit für uns, unsere Entwicklung und Selbstfürsorge zu einem wichtigen Bestandteil unserer täglichen Erfahrung zu machen. Dabei ist es egal, ob wir gerade einen guten Tag in unserer Ausübung erleben oder es sich anfühlt, als würden wir uns jeden Schritt dorthin erkämpfen müssen. Sie ist auf jeden Fall ein sinnvolles Werkzeug, um uns mit größerer emotionaler und energetischer Harmonie dabei zu unterstützen, Langeweile, Einsamkeit, Frustration und Verwirrung zu konfrontieren, welche die Anzeichen unserer tiefsten inneren Transformation sind.

Die Mehrzahl der in diesem Buch enthaltenen Angebote kann als tägliche, spirituelle Praxis genutzt werden. Ich habe dieses Kapitel geschrieben, um dich dabei zu unterstützen, alle Lehren in die praktische Anwendung zu bringen. Auch hierbei gilt: bitte fühle dich frei, nur die Übungen anzunehmen, mit denen du in Resonanz gehst. Es geht nicht darum, alles abarbeiten zu müssen, sondern dieses Kapitel als Unterstützung für deine eigene innere Führung zu benutzen, um die tägliche Übung zu finden, die deiner höchsten Weiterentwicklung dient.

Manchmal gehen wir mit spezifischen täglichen Übungen über eine gewisse Zeit hinweg in Resonanz. Zu anderer Zeit fühlen wir uns vielleicht dazu hingezogen, jeden Tag, jede Woche oder jeden Monat eine andere Technik zu praktizieren.

Du kannst die hier vorgestellten Übungen als dein ganz persönliches 90 Tage Programm betrachten oder dieses Kapitel benutzen, um die perfekte Hilfestellung für deine momentanen Lebensumstände zu finden. Du sollst wissen, dass jede Übung aus dem Universum gechannelt wurde, um die größtmögliche Transformation in dir zu unterstützen.

Selbstwert, Dankbarkeit und Leidenschaft kultivieren – Teil 1

Ich habe diese tägliche Übung gechannelt, um dabei Unterstützung zu geben, Selbstwert, Dankbarkeit und Leidenschaft als wesentliche Aspekte seelischer Erweiterung zu kultivieren. Bitte beantworte die folgenden drei Fragen, indem du in ein Tagebuch oder auf deinem Computer schreibst, oder sie, falls du beispielsweise im Auto unterwegs bist und nichts notieren kannst, laut aussprichst:

> Für welche drei bis fünf Dinge in deinem Leben bist du dankbar? Wenn dir dazu nichts einfällt: Für welche drei bis fünf Dinge in deinem Leben würdest du gerne Dankbarkeit fühlen?
>
> Egal, wie klein oder groß, welche drei bis fünf Dinge hast du heute gut gemacht? Wenn dir dazu nichts einfällt: Für welche drei bis fünf Dinge in deinem

Leben würdest du dir gerne Anerkennung dafür geben, dass du sie gut gemacht hast?

Welche drei bis fünf Dinge würdest du gerne in deine Realität manifestieren? Wenn dir dazu nichts einfällt: Welche drei bis fünf Dinge würdest du gerne für andere oder für die Menschheit als Ganzes manifestieren?

Fühle dich wie immer frei, so viel oder wenig von dieser Übung zu machen, wie es sich stimmig für dich anfühlt.

Selbstwert, Dankbarkeit und Leidenschaft kultivieren – Teil 2

Eine tägliche Praxis zur Kultivierung von Selbstwert, Dankbarkeit und Leidenschaft kann auch als Meditation ausgeführt werden. Du kannst sie während eines Spaziergangs in der Natur anwenden, wenn du im Stau stehst oder wenn du einfach nur still dasitzt. Fülle die für dich passenden Worte in jede der nachfolgenden Aussagen ein. Atme einmal langsam und bewusst ein und wieder aus, bevor du dich der jeweils nächsten Aussage zuwendest. Wenn du alle drei Aussagen ergänzt hast, wiederhole den Prozess 5-15 Minuten lang.

Ich bin dankbar für________________________.
(Langsam einatmen und wieder ausatmen)

Ich bin heute stolz auf mich, weil ich ___________.
(Langsam einatmen und wieder ausatmen)

Ich freue mich so viel Freude, _________________
zu manifestieren.
(Langsam einatmen und wieder ausatmen)

Wenn du das Gefühl hast, hier nicht weiterzukommen oder die Aussagen nicht ganz natürlich ergänzen zu können, kannst du diese meditative Übung so anpassen, dass sie der Authentizität deiner persönlichen Bedürfnisse dient.

Ich wünschte, ich wäre dankbar für ____________.
(Langsam einatmen und wieder ausatmen)

Ich möchte stolz auf mich sein, weil ich ________.
(Langsam einatmen und wieder ausatmen)

Ich möchte mich würdig fühlen, ______________
zu manifestieren.
(Langsam einatmen und wieder ausatmen)

Die dritte Variante dieser Meditation kann dann Anwendung finden, wenn du mit deinem Leben absolut zufrieden bist – oder aber dich von allem so abgeschnitten fühlst, dass das Beten für das Wohlergehen anderer dir dabei hilft, das richtige Maß an Abstand zu finden um dich zu entspannen und erneut zu öffnen.

Mögen alle Herzen dankbar sein für ___________.
(Langsam einatmen und wieder ausatmen)

Mögen alle Menschen stolz auf sich sein, weil sie ______________________.
(Langsam einatmen und wieder ausatmen)

Möge die Welt _____________ zum Wohl aller manifestieren.
(Langsam einatmen und wieder ausatmen)

Genau wie im Teil eins zum Thema *Selbstwert, Dankbarkeit und Begeisterung kultivieren*, kannst du wählen, welche Meditationsform dich am besten dabei unterstützt, deine tägliche Erfahrung mit Offenheit, Aufrichtigkeit und Leichtigkeit anzunehmen.

Das Spiel der Liebenswürdigkeit

Da der Fokus dieses Buches darauf liegt, die höchsten Eigenschaften deiner Seele zu kultivieren, besteht eine der wirksamsten, befriedigendsten und transformativsten Arten dich mehr in Harmonie mit deiner Seele zu bringen darin, die Liebenswürdigkeit in dir und anderen anzunehmen.

Diese tägliche Übung kann zur Vertiefung der Liebenswürdigkeit deiner unschuldigen Natur oder als eine emotionale Möglichkeit der Auflösung eines persönlichen Konflikts genutzt werden. Auch wenn die Menschen in deinem Leben nicht aus der Reinheit ihrer inneren Unschuld heraus zu handeln scheinen, kannst du diese tägliche Übung jederzeit als deine Gelegenheit nutzen, jedem nur vorstellbaren Gegner zu erlauben ein Verbündeter zu werden, der deine höchste Entwicklung unterstützt.

Um das Spiel der Liebenswürdigkeit zu spielen, bedenke bitte jede der folgenden Aussagen und erlaube allen Antworten, spontan in deinem Geist oder in deinem Herzen aufzusteigen:

Was ist der liebenswerteste Grund, aus dem ich so bin, wie ich bin?

Was ist der liebenswerteste Grund, aus dem ich weiterhin das tue, was ich eigentlich so sehr an mir ändern möchte?

Was ist der liebenswerteste Grund, aus dem Menschen mich so behandeln, wie sie mich behandeln?

Was ist der liebenswerteste Grund für meine momentane Situation?

Was ist der liebenswerteste Grund für den gegenwärtigen Zustand der Welt?

Was ist der liebenswerteste Grund, aus dem ich hier bin?

Falls das Abrunden deiner harten Kanten, welches dir erlauben soll, die inhärente Liebenswürdigkeit und Anmut in allem zu sehen, sich zu fremd für dich anfühlt, kannst du diese tägliche Praxis einfach anpassen, indem du die nachfolgenden Fragen bedenkst. Unabhängig davon, ob Antworten in dir aufsteigen oder nicht, wirst du bereits höhere Lichtfrequenzen kultivieren, indem du deine Konzentration auf eine positivere und stärker selbstermächtigende Sichtweise lenkst.

Was ist der größte Nutzen daran, dass ich so bin, wie ich bin?

Was ist der größte Nutzen daran, dass ich weiterhin das tue, was ich so sehr an mir ändern möchte?

Was ist der größte Nutzen daran, dass andere Menschen mich so behandeln, wie sie mich behandeln?

Was ist der größte Nutzen daran, dass ich mich momentan in dieser Situation befinde?

Was ist der größte Nutzen daran, dass die Welt so ist wie sie ist?

Was ist der nützlichste Grund, aus dem ich hier bin?

Es ist wichtig, sich daran zu erinnern, dass eine tägliche spirituelle Praxis niemals dazu dienen sollte, Grausamkeit zu rechtfertigen. Während jede Übung dir ermöglichen soll, zu erkennen, wie alles zu deiner Unterstützung da ist, solltest du sie niemals dazu nutzen, das Dasein in einer Opferrolle zu verlängern oder aufrechtzuerhalten, indem du in ungesunden Beziehungen verstrickt bleibst.

Solltest du dich in einem Umfeld von Missbrauch befinden, antworte bitte auf die tiefste Sehnsucht deiner Seele, sicherere Verhältnisse für dich zu finden. Dabei kannst du jede Übung dazu nutzen, dir bei deiner Heilung zu helfen.

Die Hand-aufs-Herz Meditation

Eine der wirkungsvollsten Möglichkeiten zur Öffnung deines Herzens besteht darin, Zeit mit der Hand auf deinem Herzen zu verbringen. Da sowohl dein Herz als auch deine Hand elektrische Energieströme leiten, sendest du allein durch das Auflegen einer Hand auf dein Herz elektrische Ladung, die von deinem Herzen ausgeht, über die aus deiner Handfläche fließende Energie zu deinem Herzen zurück.

Wenn du mit der Hand auf deinem Herzen verweilst, ist es unerheblich, wie laut oder leise die Aktivitäten deines Verstandes gerade sind oder wie gut es dir in diesem Moment in deinem Körper geht. Es geht einfach darum, während des Tages Momente zu finden, in denen es dir möglich ist, dich mit dir zu verbinden und dir zu erlauben, all die Energie selbst zu empfangen, die du sonst zum Wohle aller nach Außen sendest.

Dieser Prozess ist gerade bei Stress sehr hilfreich. Er ist auch dann ideal, wenn man mit der Frustration, Langeweile, Einsamkeit und Verwirrung des sich auflösenden Egos konfrontiert wird. Ob als Antwort auf die beängstigendsten Umstände des Lebens oder als eine Möglichkeit, dein Wohlbefinden auf energetischer Ebene zu erweitern: dein Herz fühlt sich umso sicherer sich zu öffnen, je öfter es die Kraft deiner liebevollen Berührung fühlt.

Die Polaritäts-Segnung

Um die Kraft der Polaritäts-Segnung zu aktivieren, ist es wichtig, sich an die Macht unserer Worte zu erinnern. Jedes Wort ist energetischer Ausdruck, der durch die Kraft unseres Bewusstseins in Bewegung gesetzt wird. Mit jedem Atemzug können wir diese Worte entweder wie kraftvolle Strahlen heilsamen Lichts oder aber wie Waffen gegen uns selbst und andere einsetzen.

Wenn wir es wagen, alles was wir anderen beweisen wollen, beiseite zu legen, könnten wir uns fragen: »Wenn ich mich nicht mit der Richtigkeit einer Sichtweise identifiziere – nutze ich meine Worte als Geschenke oder als Waffen? Wie fühlt sich mein Körper an, wenn ich meine Worte anderen mitteile? Wenn es sich in meinem Körper nicht gut anfühlt, meine Ideen zu übermitteln, wie kann ich dann erwarten, andere damit zu ermächtigen? Kann ich für einen Moment mein Bedürfnis aufgeben, Recht haben zu wollen und einen Blick auf die Qualität meiner Worte werfen?«

Die beste Art, unsere Realität zu transformieren und eine positive Quelle der Inspiration für andere zu sein, liegt darin, unsere Worte als Ausdruck von Freiheit und Freude einzusetzen. Wenn wir in der Wahl unserer Worte Freude fühlen, sind die Menschen in unserer Umgebung interessierter an unserer Botschaft. Das gibt uns die Möglichkeit, sie in bewusster und herzbasierter Weise zu informieren und aufzurichten. Wird Freude dagegen einem aggressiven und unnachgiebigen Beharren auf unserem persönlichen Standpunkt geopfert, setzen wir Worte zur Einschüchterung anderer ein und treiben sie damit in eine Ecke, wo sie für ihr Anderssein bewertet und verurteilt werden.

Sehr oft liegt der Unterschied zwischen dem Mobilisieren einer Hetzkampagne und dem Inspirieren der Herzen vieler Menschen in der Art und Weise, wie Worte eingesetzt werden. Lass als eine Form der kontinuierlichen täglichen Ausübung jeden Tag eine Gelegenheit sein, dem Göttlichen in anderen Komplimente zu machen und es zu ehren. Wir wissen ja, je besser ein Mensch sich mit sich selbst fühlt, desto mehr Bewusstsein erblüht im Leben von allen. Sind wir nicht in der Lage, unsere Worte als Geschenke anstelle von Waffen einzusetzen, befinden wir uns unwissentlich auf derselben Bewusstseinsebene wie die Dinge, die wir so sehr verändern möchten.

Sollten wir dazu inspiriert sein, noch bewusster zu handeln, ist es immer wichtig, auf der Grundlage dessen zu agieren, was wir unterstützen, statt auf der Grundlage dessen, was wir ablehnen. Wenn uns diese Intention weniger wichtig erscheint als die Entscheidung, durch verbale Tiraden anzugreifen, dann wird keine Menge an Worten ausreichen, um den Wert unserer wichtigsten Redebeiträge zu verdeutlichen. Wollen wir das höchste Bewusstsein aller für unseren Standpunkt gewinnen, dann wagen wir es uns ehrenhaft und bewusst zu verhalten.

Aus dieser Perspektive herzbasierter Ausrichtung wird Bewusstsein nicht durch die Richtigkeit unserer Ansichten definiert, sondern dadurch, wie liebevoll wir versuchen, unsere Ideen mit anderen zu teilen.

Als eine Möglichkeit, Worte zu unseren wichtigsten täglichen spirituellen Übungen gehören zu lassen, habe ich die folgende Segnung aus dem Universum gechannelt. Sie bietet einen direkten Weg, energetisch auf negative Emotionen und schwierige Situationen reagieren zu können. Möge sie dir in den unüberwindbarsten Umständen deines Lebens mehr Wahlmöglichkeiten eröffnen, als du dir jemals vorstellen kannst.

Die Polaritäts-Segnung wurde geschaffen, damit du den evolutionären Nutzen in jeder Situation erkennen kannst. Sie lädt dich dazu ein, dich selbst und andere mit der entgegengesetzten Schwingung der dich am stärksten begrenzenden

Erfahrungen zu segnen. Das bedeutet, dass die schlechte Behandlung, die du durch jemand anderen erfährst, zu einer Gelegenheit werden kann, dir selbst mehr Komplimente zu machen oder die Welt mit größerem Selbstbewusstsein zu segnen.

Selbst wenn du von anderen kritisiert wirst, kannst du innehalten, um die Energie der Kritik in ein Kompliment umzukehren – und Geschenke von den Seelen deiner Kritiker zu empfangen, statt weiterhin Attacken ihrer Egos zu ertragen.

Um dich zu unterstützen, dich mit der Kraft der Polaritäts-Segnung vertraut zu machen, bedenke bitte die Weisheit der folgenden Sätze:

Wenn andere wütend auf dich sind oder dich verärgert haben: Was wäre, wenn du dich selbst und die Welt mit größerem Glücksgefühl segnest?

Wenn andere traurig sind oder dich traurig gemacht haben: Was wäre, wenn du dich selbst und die Welt mit größerer Freude segnest?

Wenn andere sich verschließen oder dich zum innerlichen Rückzug gebracht haben: Was wäre, wenn du dich selbst und die Welt mit größerer Offenheit segnest?

Wenn andere grausam sind oder in dir Grausamkeit geweckt haben: Was wäre, wenn du dich selbst und die Welt mit größerer Liebenswürdigkeit segnest?

Wenn andere betrügerisch sind oder betrügerisches Verhalten in dir geweckt haben: Was wäre, wenn du dich selbst und die Welt mit größerem Mut zur Ehrlichkeit segnest?

Wenn andere respektlos sind oder Respektlosigkeit in dir geweckt haben: Was wäre, wenn du dich selbst und die Welt mit größerem Respekt segnest?

Wenn andere im Konflikt sind oder dich in einen Konflikt verwickelt haben: Was wäre, wenn du dich selbst und die Welt mit größerem Frieden segnest?

Wenn andere Schmerzen leiden oder dir Schmerz zugefügt haben: Was wäre, wenn du dich selbst und die Welt mit größerer Heilkraft segnest?

Wenn andere sich zurückgewiesen fühlen oder dich zurückgewiesen haben: Was wäre, wenn du dich selbst und die Welt mit größerer Akzeptanz segnest?

Wenn andere in Angst sind oder dir Angst gemacht haben: Was wäre, wenn du dich selbst und die Welt mit mehr Liebe segnest?

Wenn andere sich in Bewertungen ergehen oder Bewertungen in dir wachgerufen haben: Was wäre, wenn du dich selbst und die Welt mit mehr Vergebung segnest?

Das Gebet der radikalen Vergebung

Diese Unterweisung und dieses Gebet wurden aus dem Universum gechannelt, um ein praktisches Werkzeug für den Umgang mit persönlichen Krisen oder weltweiten Unruhen zu schaffen. Möge es zu deiner ersten Reaktion auf die Angelegenheiten dieser Welt werden, während du im Dienst an der Menschheit als Engel auf Erden voranschreitest.

Der Unterschied zwischen einem Lichtarbeiter und einem Menschen in Opferhaltung hat nichts mit der Situation zu tun, der die beiden ausgesetzt sind, sondern mit ihrem *Umgang* damit. Ein Lichtarbeiter ist ein Engel in physischer Form. Er nutzt die Welt seiner Erfahrungen um zu der Veränderung zu werden, die er selbst erleben will. Dagegen fühlt sich ein Mensch im Opfermodus von dem verletzt, was in der Welt passiert und wartet lediglich auf die Veränderung, zu der er selbst werden muss.

Auf spiritueller Ebene ist ein Mensch im Opfermodus ein Lichtarbeiter in Ausbildung. Durch alle Kapitel unseres Lebens hindurch überleben wir die Unvermeidbarkeit von Verlust und die Tatsache beständiger Veränderung und bringen damit ein neues Bewusstsein zum Wohle aller hervor. Das bedeutet auch, dass unser Opferverhalten keine Falle darstellt, der wir entfliehen müssen. Stattdessen ist es Teil eines kontinuierlichen Prozesses spirituellen Wachstums und energetischer Ausdehnung, um den Lichtarbeiter in uns zu kultivieren.

Ob du vor Angst erstarrst vor der Feindschaft zwischen Ländern, durch die Auswirkungen eines terroristischen Angriffs zutiefst betroffen bist, mit dir selbst im Geiste Krieg führst, dich durch die Handlungen eines geliebten Menschen enttäuscht oder durch die Schwerfälligkeit des kollektiven Unbewussten überwältigt fühlst: jeder Moment im Opfermodus dient als Einladung, den entscheidenden Schritt aus der Verzweiflung heraus zu machen, um zu dem Lichtarbeiter zu werden, zu dem du bestimmt bist.

Egal, wie vielversprechend oder ungewiss deine Welt gerade erscheint – ich biete dir das Gebet der radikalen Vergebung als eine Möglichkeit an, unserer erwachenden Menschheit auf energetischer Ebene zu helfen.

Es ist wichtig sich immer zu erinnern, egal, ob du die Umstände auf persönlicher oder globaler Ebene betrachtest: Selbst, wenn du sie nicht verändern kannst, du kannst immer verändern, wie du von innen her mit ihnen umgehst.

Als ein erwachender Lichtarbeiter in den vordersten Reihen derjenigen, die es der Menschheit ermöglichen, ein neues Bewusstseinsparadigma zu leben, lies bitte das folgende Gebet täglich so oft, wie du dich inspiriert fühlst, die Evolution der Erde zu unterstützen oder wann immer du dich in den Schmerzen menschlicher Leiden gefangen fühlst. In die weiter unten vorbereiteten Lücke kannst du den Namen eines Feindes eintragen, eines Widersachers aus der Vergangenheit, eines Familienmitglieds, mit dem dich eine noch unverheilte Wunde verbindet, eine geliebte Person, die mit ihren eigenen Heilungsprozessen schwer beschäftigt ist, deinen eigenen vollständigen Namen, den Namen eines im Krieg befindlichen Landes oder sogar die ganze Welt.

Ich erlaube, dass __________ jetzt Vergebung
erfährt und freigegeben wird, so wie auch ich
Vergebung erfahre und freigegeben werde.

Bitte verurteile dich nicht dafür, wie oft du es am Tag vielleicht benötigst, dieses Gebet zu wiederholen. Betrachte dich stattdessen durch die Augen des Universums und freue dich darüber, wie oft du in Übereinstimmung mit der höchsten Weisheit deiner Seele handelst und damit die Wirklichkeit für die Befreiung aller veränderst.

Mögest du durch das Gebet der radikalen Vergebung vertrauensvoll voranschreiten und eine einzigartige Lichtfrequenz zum Leben erwecken, die in jedem Herzen zu entzünden du hierhergekommen bist.

Mögest du dein Schicksal nicht als ein Streben nach wünschenswerten Umständen betrachten, sondern als eine Gelegenheit, die inspiriertesten Lebensentscheidungen in Handlung umzusetzen, die deinen physischen Körper in einen lebendigen Ausdruck gelebter Göttlichkeit verwandeln.

Mit Dankbarkeit heilen

Diese Unterweisung und Übung wurde aus dem Universum als hilfreiches Werkzeug für diejenigen Situationen gechannelt, in denen unser Heilungsprozess uns fast überwältigt oder länger dauert als gewünscht. Möge sie dich von jeder Art der Selbstverurteilung befreien, so dass du das Wesen der Heilung als Entwicklungsprozess noch tiefer annehmen kannst.

Wahre Heilung besteht nicht einfach nur darin um jeden Preis symptomfrei zu werden. Diese Haltung wäre eher eine Form des Aberglaubens, die uns suggeriert, dass es keinen höheren Sinn für die Umstände gibt, mit denen wir gerade konfrontiert sind. Wenn wir uns in einer Heilkrise befinden, wird unser Körper in einen kokon-ähnlichen Zustand versetzt. Mithilfe von Erholung, Ernährung und oft auch Nahrungsergänzungsmitteln oder sogar Medikamenten können sich Körper, Geist, Herz und Seele wieder in Übereinstimmung bringen und so wird die Integration unserer höchsten Schwingung in die physische Form stimuliert.

Die meisten Symptome, ob sie nun naturheilkundliche, energetische oder medizinische Aufmerksamkeit erfordern, symbolisieren das Sterben des alten Paradigmas, während das neue Selbst entsteht. Allzu oft wird uns, bevor wir die ersten

Anzeichen einer neuen Realität sehen können, die Gelegenheit gegeben, dem alten Selbst dafür zu danken, dass es uns so weit gebracht hat, wie es seine Aufgabe war, und es dann zur Quelle zurückzuschicken.

Dies kann sehr verwirrend sein, denn viele Menschen befinden sich momentan an einer entscheidenden Schwelle zu einer neuen Realität und sehnen sich danach, das Alte loszulassen. Allerdings geschieht dies oft aus einer Perspektive der Ablehnung, bei der der Fokus darauf liegt, all das Unbequeme loszuwerden, das unser tiefstes Erwachen herbeiführt. Wenn wir in der Lage sind, wahre Heilung als niemands Verantwortung zu erkennen, sondern lediglich als eine *Gelegenheit* für jeden, Dankbarkeit für all die vergangenen Erfahrungen zu zeigen, die uns auf unsere zukünftigen Abenteuer vorbereitet haben, sind wir fähig, unsere Heilungsprozesse zu beschleunigen, ohne dafür irgendeinen Teil von uns selbst ablehnen zu müssen.

Heilung ist kein Rennen gegen die Zeit, mit dem Ziel, eine neue Egostruktur unter verbesserten Umständen zu erschaffen. Stattdessen ist sie eine Gelegenheit, Selbstliebe, Mitgefühl mit anderen und größeren Respekt für unseren Entwicklungsprozess aufzubringen. Bei Heilung geht es nicht darum herauszufinden, was wir falsch gemacht haben, um in eine so schwierige Lage geraten zu sein. Es handelt sich vielmehr um eine ehrwürdige Feier dessen, wie schnell wir uns entwickeln. Dabei kann das Bedürfnis von Körper, Geist, Herz und Seele, in Übereinstimmung miteinander zu kommen, eine Vielzahl von Symptomen hervorrufen.

Spirituelle Heilung wird nicht notwendigerweise durch Anwenden von Heilmethoden erreicht, gleichzeitig aber ist keine Form von Medizin ein minderwertiger Weg. Was auch immer unser Körper, unser Geist, unser Herz und unsere Seele brauchen, um zu Harmonie und Gleichgewicht zu finden, ist genau das, was wir uns geben sollten. Wie immer solltest du der reinen Gnade göttlicher Führung vertrauen, um herauszufinden, was am besten für dich ist. Wenn du dir unsicher bist, finde mehr Zeit und Raum dafür, ruhig, still und offen für die Führung zu werden, die das Leben dir anbieten möchte.

Möge derjenige, der Prozesse beschleunigen möchte oder nur an Weiterentwicklung unter angenehmen Umständen interessiert ist, so intensiv respektiert, anerkannt und angenommen werden wie niemals zuvor. Möge jeder Phase der Heilung ausgekostet werden, egal wie anstrengend oder unerträglich es sich anfühlen mag, wenn das alte Paradigma sich auflöst. Wie immer besteht unsere größte Heilung in unserer tiefsten Hingabe. Dabei geht es nicht darum, wie lange diese anzuhalten scheint, sondern wie sehr wir bereit sind, die Schwingung der Dankbarkeit von Herzen anzunehmen – egal, ob dies einen sofort wahrnehmbaren Unterschied in unserem Leben macht oder nicht.

Wenn du an dem Punkt bist, an dem die Gnade der Dankbarkeit dir dabei hilft, jeden Moment als ein Geschenk unaufhörlichen spirituellen Wachstums anzunehmen, wirst du zwar immer noch Schmerzen, Verluste, Unsicherheiten, Verrat und Kummer spüren, aber solange Dankbarkeit im Vordergrund steht, wird keine aus Leid geborene Reaktion mehr in dir ausgelöst. Zwar bleibt auch im Zustand eines erwachten Bewusstseins Vergnügen noch vergnüglich und Schmerz schmerzhaft. Doch auch wenn Vergnügen sich in Schmerz verwandelt oder Schmerz länger anhält als erhofft, kann dies nicht unser Verständnis dafür beeinträchtigen, wie unersetzlich jeder Moment dazu beiträgt, unsere wunderbarste energetische Ausdehnung zu unterstützen.

Das Beste daran ist, dass wir noch nicht einmal wissen müssen, wie etwas zu unserem Wachstum beiträgt oder uns vorstellen können müssen, wie viel besser es uns aufgrund der momentanen Umstände gehen wird. Stattdessen können wir einfach jeden Moment als unschätzbares Geschenk annehmen, sogar wenn dieses Geschenk uns dabei hilft, uns absolut ehrlich einzugestehen, wie wenig wir die Art und Weise mögen, wie die Dinge momentan für uns sind.

Wir müssen unsere Umstände nicht lieben. Und doch weiß das Leben ganz genau, wie es uns so formen kann, dass wir zu der Vollkommenheit finden, die zu leben wir hierhergekommen sind.

Um die heilsame Kraft der Dankbarkeit zu aktivieren, bedenke bitte die Weisheit der folgenden Sätze, indem du sie still oder laut liest:

Danke für diesen Schmerz.
Danke für diesen Verrat.
Danke für diesen Kummer.
Danke für diese Unannehmlichkeit.

Danke für diese Enttäuschung.
Danke für diese Einsamkeit.
Danke für diese Frustration.
Danke für diese Qual.
Danke für diese Verwirrung.

Danke für diese Krankheit oder diesen Zustand.
Danke für diese Hoffnungslosigkeit.
Danke für diesen Ärger.
Danke für diese Verzweiflung.
Danke für diese unbarmherzige Grausamkeit.

Danke für diese Depression.
Danke für diese Demut.

Danke für dieses Schweigen.
Danke für diese Befreiung.
Danke für diesen Frieden.

Danke für diese Freude.
Danke für dieses Licht.
Danke für dieses Leben.
Danke für diese Liebe.
Danke. Danke. Danke.

Du kannst diesen Text jeden Tag so oft lesen, wie du magst, oder ihn nach Bedarf als Unterstützung bei emotionalen Auslösern benutzen. Du könntest sogar jede Zeile einzeln lesen, um herauszufinden, welche davon den größten emotionalen Widerstand in dir hervorbringt.

Diejenige Zeile, die in dir die stärkste innere Anspannung auslöst, kann zu einem Mantra für dich werden, das du über den Tag hinweg wiederholst, um jeden potentiellen Feind des Egos in einen Verbündeten für deine seelische Entwicklung zu verwandeln.

Fazit

Wir sind nun am Ende unserer gemeinsamen Reise angelangt – doch dies ist nur der Beginn deiner Reise in die weitere Zukunft. Du hast damit begonnen, eine tiefere Wirklichkeit zu erforschen und es gewagt, dein Leben mit den Augen unserer alles liebenden Quelle zu betrachten. Du hast dich erfolgreich einer Fülle von Wundern gegenüber geöffnet, welche die Entfaltung und Vervollständigung deines Auftrags in diesem Leben in absolutem Frieden und mit Harmonie und Leichtigkeit unterstützen.

Auch wenn es nicht immer friedlich, harmonisch oder einfach erscheint: die Macht liegt in deinen Händen zu entscheiden, wie viele Verbündete oder Feinde du wahrnimmst. Von nun an existiert jeder Augenblick als kostbare Möglichkeit, die Liebe zu sein, die du immer ersehnt hast, sowie die Großzügigkeit, die Bewusstheit, die innere Größe und das Mitgefühl zu leben, das in der sichtbaren Welt zu fehlen scheint.

Indem du als aktiver und engagierter Verkünder von Wohlbefinden auftrittst, erinnerst du die Welt an eine tiefere Realität hinter dem menschlichen Spiel, einfach durch die Art deiner Entscheidungen und die Weise, wie du auf das Leben reagierst. All dies kann ermutigend, inspirierend und belebend anstelle von anstrengend sein – solange du dich an die ewige Wahrheit des neuen spirituellen Paradigmas erinnerst. Diese Wahrheit bewegt sich lebendig durch die Höhen und Tiefen deines Alltagslebens und erinnert dich immer daran, dass egal, wie die Umstände auch erscheinen, alles hier ist, um dich dabei zu unterstützen, derjenige zu werden, der du geboren wurdest zu sein.

Über den Autor

Matt Kahn ist ein spiritueller Lehrer und hochsensibler empathischer Heiler, der durch seine heilsamen und oft humorvollen Videos zu einem YouTube-Star wurde. Die neun Millionen Menschen, die bisher seinen YouTube Kanal besuchten, finden hier die Unterstützung, die sie sich wünschen, um sich geliebter, bewusster und offener für die größten Gelegenheiten ihres Lebens zu fühlen.

Matts spontanes Erwachen entsprang einer außerkörperlichen Erfahrung, die er im Alter von acht Jahren hatte, sowie seinen direkten Begegnungen mit Aufgestiegenen Meistern und Erzengeln während seines ganzen Lebens. Indem er seine intuitiven Fähigkeiten des Sehens, Hörens, Fühlens und direkten Wissens einsetzt, kann Matt die Emotionen seiner Mitmenschen fühlen und genau feststellen, welche Art von Blockade die Herzöffnung erschwert. Als Folge davon bringt er revolutionäre Lehren in schriftlicher oder mündlicher Form hervor, die energetisch sensible Menschen dabei unterstützen, ihren Körper zu heilen, die Seele zu erwecken und die Realität durch die Kraft der Liebe zu transformieren.

Viele spirituell Suchende haben erstaunliche und unerklärliche körperliche und emotionale Heilungen erfahren und sind durch Matts tiefgründige, liebevolle und oft witzige Lehren und die Übertragung von zeitloser, heiliger Herzensweisheit zu ihrer wahren Natur erwacht.

Webseite: www.MattKahn.org

Matt Kahn
Liebe – was immer auch geschieht!

Hardcover 280 Seiten
ISBN: 978-3-937883-95-3
18,95 € (D)
www.echnaton-verlag.de

»In jedem Atemzug, den du nimmst, ist Liebe immer gegenwärtig.«

Es gibt fünf einfache Worte, die dir den Weg zu Freiheit und Erfüllung aufzeigen können: Liebe – was immer auch geschieht! Dieses Buch bietet eine Vielzahl kraftvoller Botschaften des bekannten spirituellen Lehrers Matt Kahn. Durch die Vermittlung einer Reihe zutiefst heilsamer Einsichten und deren Umsetzungsmöglichkeiten möchte er den entscheidenden Impuls dafür geben, dass das höchste Potenzial eines jeden Menschen erweckt wird.

Einige Themen dieses Buches:

- Lebendigkeit, Freude und Unschuld des ureigensten Wesens zurückerlangen

- Die fundamentale Bedeutung des Loslassens auf dem spirituellen Weg entdecken

- Die Schichten des Egos mit Mitgefühl und Leichtigkeit ablösen

- Die Rückverbindung von Herz und Geist – das Tor zu größerer spiritueller Entwicklung öffnen